...와 통하는 책

동양북스 외국어
베스트 도서
700만 독자의 선택!

새로운 도서,
다양한 자료
동양북스
홈페이지에서
만나보세요!

www.dongyangbooks.com
m.dongyangbooks.com

※ 학습자료 및 MP3 제공 여부는 도서마다 상이하므로 확인 후 이용 바랍니다.

홈페이지 도서 자료실에서 학습자료 및 MP3 무료 다운로드

PC

❶ 홈페이지 접속 후 도서 자료실 클릭
❷ 하단 검색 창에 검색어 입력
❸ MP3, 정답과 해설, 부가자료 등 첨부파일 다운로드

* 원하는 자료가 없는 경우 '요청하기' 클릭!

MOBILE

* 반드시 '인터넷, Safari, Chrome' App을 이용하여 홈페이지에 접속해주세요. (네이버, 다음 App 이용 시 첨부파일의 확장자명이 변경되어 저장되는 오류가 발생할 수 있습니다.)

📖 동양북스

검색어를 입력하세요 🔍

❶ 홈페이지 접속 후 ☰ 터치

❷ 도서 자료실 터치

☰ 📖 동양북스

검색어를 입력하세요 🔍

🏠 Home > 도서 > 도서 자료실

일단 합격 신HSK 한 권이면 끝! 4급 MP3
MP3 2020.03.19

세상에서 제일 쉬운 10문장 영어회화 MP3
MP3 2020.03.19

|< < 1 2 3 4 5 > >|

검색

❸ 하단 검색창에 검색어 입력
❹ MP3, 정답과 해설, 부가자료 등 첨부파일 다운로드

* 압축 해제 방법은 '다운로드 Tip' 참고

버전업! 굿모닝 독학 일본어 첫걸음

최신 개정판

정선영 지음

동양북스

버전업! 굿모닝 독학 일본어 첫걸음

초판 7쇄 발행 | 2024년 8월 20일

지은이 | 정선영
발행인 | 김태웅
기획편집 | 길혜진
일러스트 | 조윤
디자인 | 남은혜, 김지혜
마케팅 총괄 | 김철영
온라인 마케팅 | 김은진
제작 | 현대순

발행처 | (주)동양북스
등   록 | 제2014-000055호
주   소 | 서울시 마포구 동교로22길 14 (04030)
구입 문의 | 전화 (02)337-1737   팩스 (02)334-6624
내용 문의 | 전화 (02)337-1762   dybooks2@gmail.com

ISBN   979-11-5768-904-0   13730

많은 사람들이 일본어라는 언어는 '웃으며 시작해서 울며 끝낸다'라는 말을 합니다. 왜냐하면 일본어는 영어나 중국어와는 달리 우리말과 어순이 같다는 점 하나만으로도 부담 없이 쉽게 배울 수 있는 외국어라는 생각을 하기 때문입니다.

하지만 일본어 공부를 진행해 나가다 보면 여기저기 숨어 있던 복병들이 등장하게 됩니다. 먼저 일본어는 한자 읽는 법이 무척 다양하면서도 까다롭고, 무엇보다도 문법에 있어서 예외적인 활용이나 숙어 등이 상당히 많아서 일본어 공부를 하면 할수록 점점 어렵게 느껴져 절대 만만하지 않은 언어라는 사실을 실감하게 됩니다.

본 교재는 일본어 공부를 막 시작하려고 하는 왕초보자 분들을 위하여 수많은 첫걸음 교재들보다도 쉽고 재미있게 또한 가장 효과적으로 혼자서 일본어를 익힐 수 있도록 알차게 구성하였습니다.

저는 「石の上にも三年(돌 위에도 3년)」이라는 일본어 격언을 참 좋아합니다.
차가운 돌 위라도 3년을 계속 앉아 있으면 따뜻해진다는 뜻인데, 무슨 일이든 원하는 결과가 금방 나오지 않더라도 쉽게 포기하지 않고 참고 노력하여 최선을 다하면 언젠가는 그 인내와 노력의 결실이 이루어진다는 것을 의미합니다.

여러분도 일본어 공부를 하다가 힘들어서 포기하고 싶어졌을 때 이 격언을 떠올려 보세요. 매일 조금씩이라도 꾸준히 공부해 나간다면 반드시 일본 노래나 드라마까지 이해할 수 있는 일본어의 고수로 거듭날 수 있을 것입니다.

본 교재로 일본어 공부의 첫 발을 내딛게 된 여러분을 진심으로 환영합니다!

저자 정선영

목차

핵심표현

각 Day마다 주제에 맞게 일본어 핵심표현을 배울 수 있습니다.
한꺼번에 너무 많이 배우기보다는 정말 핵심만 쏙! 골라서 포인트만 공부할
수 있어요. 하루종일 머릿속에 맴돌 거예요!

응용표현

핵심표현에서 배웠던 표현을 다른 단어에 응용해서 연습해봅시다.
여러 번 반복하다 보면 눈에도 착, 입에도 착 붙을 거예요!

연습문제

여러 유형의 연습문제를 풀면서 앞에서 배운 단어와 표현을 확인해봅시다.
뜻과 단어를 알맞게 연결하기, 빈 칸과 밑줄 채우기, 따라 써보기, 한국어를
일본어로 바꾸기 등 다양한 문제가 준비되어 있어요.

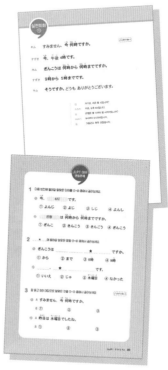

총정리 & 복습

[실전회화] [JLPT 대비 연습문제]

배운 내용을 한 번에 확인할 수 있습니다. 핵심표현이 군데군데 들어간 회화
를 완성할 수 있습니다. 핵심표현 외에 알아두면 좋은 일본어도 추가로 배울 수
있어요! 실제 JLPT에 출제되는 유형의 문제들도 직접 풀어보면서 한 단계 더
나아가봅시다.

편의점, 지하철(전철), 식당

[더보기 단어] [더보기 문장]

Day10, Day20, Day30에는 각 장소에서의 일본어를 배울 수 있어요. 일본에 가서 실제로 듣고 말할 수 있는 일본어로만
준비했습니다. 한국 문화와는 다른 일본 문화도 만나보세요! 귀여운 일러스트와 함께 재미있게 익혀봅시다.

문자와 발음

일본어의 문자에 대해

일본어는

ひらがな(Hiragana), カタカナ(Katakana), 漢字(Kanji) 등 세 종류의 글자를 사용하여 표기합니다.

① 히라가나(ひらがな)

한자의 초서체에서 비롯되었어요. ひらがな의 성립시기는 헤이안시대(9C)로 추정됩니다. 여성들이 주로 사용했으므로 여성글자라고도 했는데, 현대 일본어에서는 인쇄·필기의 모든 경우에 사용되는 기본 문자입니다.

예
以 → い	宇 → う	加 → か
計 → け	幾 → き	毛 → も

② 가타카나(カタカナ)

한자의 일부를 차용해서 만든 글자로서 외래어의 표기, 전보문, 의성어·의태어, 동·식물의 이름, 특수한 강조 효과 등에 사용해요. 일본어의 외래어는 발음이 원어(原語)와 다른 경우가 많으므로 주의해야 합니다.

예
阿 → ア	伊 → イ	加 → か
Hotel → ホテル <small>호 테 루</small>	Coffee → コーヒー <small>코 - 히 -</small>	
김치 → キムチ <small>키 무 치</small>	Beer → ビール <small>비 - 루</small>	

③ 한자(漢字)

중국이나 우리나라에서는 한자를 음으로만 읽는데, 일본에서는 한자를 음뿐만 아니라 훈(뜻)으로도 읽어요(훈독). 또, 음과 훈이 한 글자에 2개 이상인 경우도 있습니다.

[훈독]	山(やま) <small>야 마</small>	花(はな) <small>하 나</small>	紙(かみ) <small>카 미</small>
[음독]	富士山(ふじさん) <small>후 지 산</small>	花瓶(かびん) <small>카 빙</small>	紙面(しめん) <small>시 멘</small>

한 단어 속에 「음독」과 「훈독」이 섞인 경우도 있습니다.

예
毎朝(まいあさ) <small>마 이 아 사</small> 음독 훈독	消印(けしいん) <small>케 시 잉</small> 훈독 음독

✿ 히라가나 [ひらがな]

🎧 MP3 00-1

	あ행	か행	さ행	た행	な행	は행	ま행	や행	ら행	わ행	
あ단	あ [a]	か [ka]	さ [sa]	た [ta]	な [na]	は [ha]	ま [ma]	や [ya]	ら [ra]	わ [wa]	ん [N]
い단	い [i]	き [ki]	し [shi]	ち [chi]	に [ni]	ひ [hi]	み [mi]		り [ri]		
う단	う [u]	く [ku]	す [su]	つ [tsu]	ぬ [nu]	ふ [fu]	む [mu]	ゆ [yu]	る [ru]		
え단	え [e]	け [ke]	せ [se]	て [te]	ね [ne]	へ [he]	め [me]		れ [re]		
お단	お [o]	こ [ko]	そ [so]	と [to]	の [no]	ほ [ho]	も [mo]	よ [yo]	ろ [ro]	を [wo]	

✿ 가타카나 [カタカナ]

	ア행	カ행	サ행	タ행	ナ행	ハ행	マ행	ヤ행	ラ행	ワ행	
ア단	ア [a]	カ [ka]	サ [sa]	タ [ta]	ナ [na]	ハ [ha]	マ [ma]	ヤ [ya]	ラ [ra]	ワ [wa]	ン [N]
イ단	イ [i]	キ [ki]	シ [shi]	チ [chi]	ニ [ni]	ヒ [hi]	ミ [mi]		リ [ri]		
ウ단	ウ [u]	ク [ku]	ス [su]	ツ [tsu]	ヌ [nu]	フ [fu]	ム [mu]	ユ [yu]	ル [ru]		
エ단	エ [e]	ケ [ke]	セ [se]	テ [te]	ネ [ne]	ヘ [he]	メ [me]		レ [re]		
オ단	オ [o]	コ [ko]	ソ [so]	ト [to]	ノ [no]	ホ [ho]	モ [mo]	ヨ [yo]	ロ [ro]	ヲ [wo]	

행	표의 가로줄은 행(行)이라고 불러요. 각 행의 머리글자를 따서 「○行」이라고 칭합니다. '카행'은 「か·き·く·け·こ」를 가리키며 첫 글자를 따서 '카행'이라고 해요.
단	표의 세로줄은 단(段)이라고 불러요. 이것 역시 그 줄의 첫 글자를 따서 「○段」이라 칭합니다. 아단, 이단, 우단, 에단, 오단 5가지가 있으며, '아단'은 그 단에 속해 있는 모든 글자가 모음 '아'로 끝나는 것을 의미해요.

✿ 탁음 [濁音]

	が행	ざ행	だ행	ば행
あ단	が [ga]	ざ [za]	だ [da]	ば [ba]
い단	ぎ [gi]	じ [ji]	ぢ [ji]	び [bi]
う단	ぐ [gu]	ず [zu]	づ [zu]	ぶ [bu]
え단	げ [ge]	ぜ [ze]	で [de]	べ [be]
お단	ご [go]	ぞ [zo]	ど [do]	ぼ [bo]

✿ 반탁음 [半濁音]

	ぱ행
あ단	ぱ [pa]
い단	ぴ [pi]
う단	ぷ [pu]
え단	ぺ [pe]
お단	ぽ [po]

✿ 요음 [拗音]

きゃ kya	しゃ sha	ちゃ cha	にゃ nya	ひゃ hya	みゃ mya	りゃ rya	ぎゃ gya	じゃ ja	びゃ bya	ぴゃ pya
きゅ kyu	しゅ shu	ちゅ chu	にゅ nyu	ひゅ hyu	みゅ myu	りゅ ryu	ぎゅ gyu	じゅ ju	びゅ byu	ぴゅ pyu
きょ kyo	しょ sho	ちょ cho	にょ nyo	ひょ hyo	みょ myo	りょ ryo	ぎょ gyo	じょ jo	びょ byo	ぴょ pyo

가나에 탁점「゛」이 없는 글자를 말합니다.

あ 행

🎧 MP3 00-2

あ い う え お

[a]　[i]　[u]　[e]　[o]

ⁿᵃ ⁱ
あい 사랑

ⁱ ⁿ
いえ 집

ⁿ ⁿ
うえ 위

ⁿ ⁱ
おい 조카

ⁿ ⁿ ⁱ
あおい 파랗다

ⁿ ⁿ ⁱ
おおい 많다

ア イ ウ エ オ

[a]　[i]　[u]　[e]　[o]

에 아 콘 ·
エアコン 에어컨

잉 · 쿠
インク 잉크

우 이 스 키 ·
ウイスキー 위스키

오 이 루
オイル 기름

Tip

あ (ア)　우리말의 '아' 발음과 거의 같습니다.
　　　　단, 뒤에서 배울 '와' 발음과 확실히 구분되도록 주의해서 발음하세요.

い (イ)　우리말의 '이' 발음과 거의 같습니다. 우리나라 사람은 거의 틀릴 일 없는 발음이죠.

う (ウ)　あ행에서 가장 주의해야 할 발음입니다. 우리말의 '우' 발음은 입술을 둥글게
　　　　한 뒤 쭈욱 내밀어서 발음하지만, 일본어의 う 발음은 입술을 둥글게 하지 않고
　　　　약간만 내밀어서 부드럽게 발음합니다.

え (エ)　'애'와 '에'의 중간 발음입니다. え는 '그림'이라는 뜻도 있고, 뭔가 뜻밖의 말을
　　　　들었을 때 え라고 반문하기도 합니다. 이때는 끝을 올려서 발음합니다.

お (オ)　'오'와 거의 비슷하지만, 입술을 내밀지 않고 발음합니다.
　　　　또, おう(왕)처럼 お 뒤에 う가 오는 낱말에서는 뒤의 う가 お로 발음됩니다.

🎧 MP3 00-3

か　き　く　け　こ
[ka]　[ki]　[ku]　[ke]　[ko]

あき 가을
あかい 빨갛다
きく 국화

かき 감
きかい 기계
ここ 여기

カ　キ　ク　ケ　コ
[ka]　[ki]　[ku]　[ke]　[ko]

ケーキ 케이크
コアラ 코알라
カメラ 카메라

ココア 코코아
カレンダー 캘린더
カラオケ 가라오케

Tip

か (カ) '카'나 'ka'로 표기하지만, 사실은 '가'와 '카'의 중간 발음으로 발음해야 합니다. 실제 일본 사람들 발음을 들어보시면 '카'보다는 약하지요. 또 か가 단어의 중간이나 끝에 올 경우는 '까'로 발음합니다.

き (キ) か와 마찬가지로 '기'보다는 강하게, '키'보다는 약하게 발음합니다.

く (ク) 우리말 '구'와 '쿠'의 중간 발음입니다.

け (ケ) 우리말 '게'와 '케'의 중간 발음입니다.

こ (コ) 우리말 '고'와 '코'의 중간 발음입니다.

さ행

MP3 00-4

さ し す せ そ
[sa]   [shi]   [su]   [se]   [so]

あさ 아침
さけ 술
いす 의자

けさ 오늘 아침
すし 초밥
せき 자리

サ シ ス セ ソ
[sa]   [shi]   [su]   [se]   [so]

システム 시스템
サイコ 사이코

セーター 스웨터
ソース 출처

Tip

さ (サ) 우리말 '사'와 발음이 거의 같습니다.

し (シ) '시'보다는 '쉬'에 가깝게 발음하며, 발음할 때 혀가 아래쪽으로 붙어야 합니다.
　　　 し는 4라는 뜻도 있고 '죽을 死'를 뜻하기도 합니다. 우리말과 같죠.

す (ス) '수 보다는 '스'에 가깝게 발음합니다.

せ (セ) 우리말 '세'와 발음이 같습니다.

そ (ソ) 우리말 '소'와 발음이 같습니다. そ 뒤에 오는 うは '우'가 아닌 '오'로 발음됩니다.

た_행

た ち つ て と
[ta]   [chi]   [tsu]   [te]   [to]

츠 꾸 에
つくえ 책상
타 쿠 앙 ·
たくあん 단무지
토 끼
とき 때

타 까 이
たかい 비싸다
치 찌
ちち 아버지
카 타
かた 어깨

タ チ ツ テ ト
[ta]   [chi]   [tsu]   [te]   [to]

텐 · 또
テント 텐트
타 이
タイ 태국
토 이 레
トイレ 화장실

츠 인 ·
ツイン 트윈
코 · 토
コート 코트
테 레 비
テレビ 텔레비전

Tip

た (タ) 우리말 '타'에 가까운 발음이지만, 단어의 중간이나 끝에 올 때는 '따'에 가깝게 발음합니다.

ち (チ) chi라고 표기하는데 '치'보다는 '찌'에 좀더 가깝습니다.

つ (ツ) 혀 끝부분을 앞니 뒷면과 잇몸이 맞닿아 있는 경계선 부분에 살짝 댄 상태에서 혀로 살짝 차면서 '쯔'라고 발음합니다. 작은 っ로 쓰는 경우에는 뒤에 오는 음에 따라서 'ㄱ, ㅂ, ㅅ' 받침으로 발음합니다.

て (テ) 우리말 '테'와 '데'의 중간 발음이지만, '테'에 좀더 가깝습니다. 단어의 중간이나 끝에 올 때는 '떼'에 가깝게 발음합니다.

と (ト) 우리말 '토'와 '도'의 중간 발음이지만, '토'에 좀더 가깝습니다. 단어의 중간이나 끝에 올 때는 '또'에 가깝게 발음합니다.

な 행

🎧 MP3 00-6

な に ぬ ね の

[na]　　[ni]　　[nu]　　[ne]　　[no]

なく 울다　　　　　　にく 고기
にし 서쪽　　　　　　いぬ 개
ねこ 고양이　　　　　のこ 톱

ナ 二 ヌ ネ ノ

[na]　　[ni]　　[nu]　　[ne]　　[no]

ナース 간호사　　　　ニーズ 욕구
ネクタイ 넥타이　　　ノイズ 잡음
ノート 노트　　　　　ニュース 뉴스

Tip
な (ナ) 우리말 '나'와 발음이 거의 같습니다.
に (二) 우리말 '니'와 발음이 거의 같습니다.
ぬ (ヌ) 우리말 '누'와 '느'의 중간 발음입니다.
ね (ネ) 우리말 '네'와 발음이 거의 같습니다.
の (ノ) 우리말 '노'와 발음이 거의 같습니다.

🎧 MP3 00-7

は ひ ふ へ ほ
[ha]　[hi]　[fu]　[he]　[ho]

はな 꽃　　　　はち 여덟
はし 젓가락　　ひと 사람
ふたつ 둘　　　ほし 별

ハ ヒ フ ヘ ホ
[ha]　[hi]　[fu]　[he]　[ho]

コーヒー 커피　　　ホテル 호텔
フランス 프랑스　　ヘア 머리카락
マフラー 머플러　　ヒーロー 히어로, 영웅

Tip
- は (ハ) 우리말 '하'와 발음이 거의 같습니다.
- ひ (ヒ) 우리말 '히'와 발음이 거의 같습니다.
- ふ (フ) 우리말 '후'와 '흐'의 중간 발음입니다.
- へ (ヘ) 우리말 '헤'와 발음이 거의 같습니다.
- ほ (ホ) 우리말 '호'와 발음이 거의 같습니다.

ま행

🎧 MP3 00-8

ま み む め も
[ma]　[mi]　[mu]　[me]　[mo]

타마
たま 구슬
미찌
みち 길
무스꼬
むすこ 아들

미미
みみ 귀
사시미
さしみ 회
모찌
もち 찹쌀떡

マ ミ ム メ モ
[ma]　[mi]　[mu]　[me]　[mo]

메모
メモ 메모
미루꾸
ミルク 우유
라·멘·
ラーメン 라면

마이쿠
マイク 마이크
호·무랑·
ホームラン 홈런
메롱·
メロン 멜론

📐Tip　ま(マ) 우리말 '마'와 발음이 거의 같습니다.
　　　み(ミ) 우리말 '미'와 발음이 거의 같습니다.
　　　む(ム) 우리말 '무'와 '므'의 중간 발음입니다.
　　　め(メ) 우리말 '메'와 발음이 거의 같습니다. な행의 ぬ와 헷갈리지 않도록 주의하세요.
　　　も(モ) 우리말 '모'와 발음이 거의 같습니다.

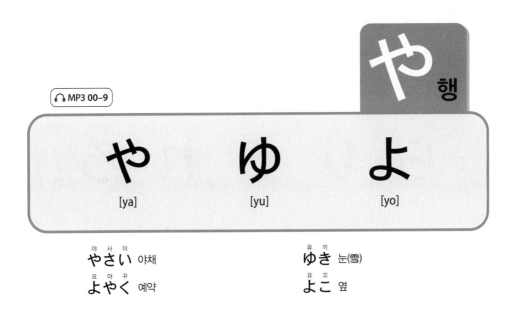

🎧 MP3 00-9

야 사 이
やさい 야채

요 야 꾸
よやく 예약

유 끼
ゆき 눈(雪)

요 꼬
よこ 옆

욧 - 또
ヨット 요트

요 가
ヨガ 요가

유 - 모 아
ユーモア 유머

유 - 자 -
ユーザー 소비자, 유저

야 쿠 루 토
ヤクルト 요구르트

양 - 구
ヤング 젊은(young)

や (ヤ) 우리말 '야'와 발음이 같습니다.

ゆ (ユ) 우리말 '유'와 거의 같지만, 입술을 앞으로 내밀지 않고 발음합니다.

よ (ヨ) 우리말 '요'와 거의 같지만, 입술을 앞으로 내밀지 않고 발음합니다.
　　　　 よ 뒤에 오는 うは '우'로 발음하지 않고 앞의 よ를 길게 빼서 발음합니다.

ら 행

🎧 MP3 00-10

ら り る れ ろ
[ra]　　　[ri]　　　[ru]　　　[re]　　　[ro]

^{사 라}
さら 접시
^{사 꾸 라}
さくら 벚꽃
^{리 스}
りす 다람쥐

^{에 라}
えら 아가미
^{아 리}
あり 개미
^{쿠 루 마}
くるま 차(車)

ラ リ ル レ ロ
[ra]　　　[ri]　　　[ru]　　　[re]　　　[ro]

^{라 이 바 루}
ライバル 라이벌
^{타 오 루}
タオル 타월
^{로 시 아}
ロシア 러시아

^{로 - 루}
ロール 롤
^{레 몬 ·}
レモン 레몬
^{레 스 토 랑 ·}
レストラン 레스토랑

> **Tip**　ら (ラ) 우리말 '라'와 발음이 거의 같습니다. 우리말에는 '라'로 시작하는 낱말이 거의
> 없는데, 일본어에서는 ら로 시작하는 낱말이 꽤 있습니다.
> り (リ) 우리말 '리'와 발음이 거의 같습니다.
> る (ル) 우리말 '루'와 발음이 거의 같습니다.
> れ (レ) 우리말 '레'와 발음이 거의 같습니다.
> ろ (ロ) 우리말 '로'와 발음이 거의 같습니다.

わ を
[wa]   [wo]

わ 이 로
わいろ 뇌물

ワ ヲ
[wa]   [wo]

와 이 후
ワイフ 아내
와 인 ·
ワイン 와인

ん
[N]

움 · 메 ·
うんめい 운명
텡 · 키
てんき 날씨
뎅 · 와
でんわ 전화
탄 · 테 ·
たんてい 탐정

ン
[N]

안 · 테 나
アンテナ 안테나
센 · 스
センス 센스
멤 · 바 ·
メンバー 멤버
렌 · 즈
レンズ 렌즈

> **Tip**
>
> わ（ワ）우리말 '와'와 비슷하지만, 입 모양을 크게 바꾸지 않고 부드럽게 발음하는 것이 자연스럽습니다.
>
> を（ヲ）お(오)와 발음이 똑같지만, 조사로만 사용됩니다.
>
> ん（ン）'응'이라고 읽지만, 낱말의 처음에 오는 경우는 거의 없고, 다른 음 뒤에 붙어서 'ㅁ, ㄴ, ㅇ' 받침과 같이 발음됩니다.

가나에 탁점「 ゛」붙은 글자를 말하며,
반탁음이란 반탁점 부호「 ゜」붙은 글자를 말합니다.

🎧 MP3 00-11

「が행」의 자음 발음은 영어의 [g]와 동일해요.

^{가 까}
がか 화가

^{카 기}
かぎ 열쇠

^{카 구}
かぐ 가구

^{아 고}
あご 턱

「ざ행」의 자음 발음은 우리말에 없어서 틀리기 쉬운 발음 중 하나입니다. 앞에서 배운「さ·し·す·
せ·そ」를 발음할 때의 입 모양에 성대를 울려서 소리 내요.

^{카 제}
かぜ 바람

^{스 지}
すじ 줄거리

^{조 ·}
ぞう 코끼리

^{지 깐 ·}
じかん 시간

| だ行 | だ [da] | ぢ [ji] | づ [zu] | で [de] | ど [do] |

「だ행」의 「だ・で・ど」의 자음 발음은 영어의 [d]와 동일해요. 「ぢ・づ」는 특별한 경우 외에는 만날 일이 많지 않습니다.

そで 소매
おんど 온도

でかい 크다
いど 우물

| ば行 | ば [ba] | び [bi] | ぶ [bu] | べ [be] | ぼ [bo] |

「ば행」의 자음 발음은 우리말의 「바・비・부・베・보」로 쓰기는 하지만, 우리말과는 달리 성대를 울려 내는 소리입니다.

はば 폭
えび 새우

ばか 바보
ぼうし 모자

| ぱ行 | ぱ [pa] | ぴ [pi] | ぷ [pu] | ぺ [pe] | ぽ [po] |

「ぱ행」의 자음 발음은 영어의 [p]와 우리말 「ㅍ」의 중간음입니다. 「ぱ・ぴ・ぷ・ぺ・ぽ」를 반탁음 이라고 해요.

たんぽぽ 민들레
ほっぺた 뺨

はっぱ 잎사귀
むてっぽう 무모함

요음·촉음·장음·발음

🏮 요음(拗音)

반모음 「や·ゆ·よ」가 다른 가나와 함께 쓰여 한 글자처럼 발음하는 경우를 요음이라고 합니다. 단, 반모음 「や·ゆ·よ」는 가나의 오른쪽 밑에 작게 쓰며 오직 い단 글자와 함께 쓰여요.

おきゃくさん 손님   きょり 거리

しゃかい 사회   しゅみ 취미

おちゃ 차(茶)   ちゅうしゃ 주차

🏮 촉음(促音)

촉음은 우리말의 받침과 같은 역할을 하는 것으로 「つ」를 가나의 오른쪽 밑에 작게 써서 나타내요. 단, 발음은 바로 뒷글자의 영향을 받아 뒷글자의 자음과 일치해요. 우리나라 받침과는 달리, 음의 길이는 한 박자로 세어요.

❶ 「k」받침이 되는 경우
いっき 단숨에 마심   きっかけ 계기

❷ 「s」받침이 되는 경우
いっさい 한 살   さっそく 즉시

❸ 「t」받침이 되는 경우
きって 우표   おっと 남편

❹ 「p」받침이 되는 경우
いっぱい 한잔   しっぽ 꼬리

🏮 장음(長音)

모음이 중복되어 나올 때 앞 글자를 길게 발음해줍니다.

❶ 「あ」단 글자 뒤에 오는 「あ」는 앞글자가 장음임을 나타냅니다.

おばあさん 할머니　　おかあさん 어머니

❷ 「い」단 글자 뒤에 오는 「い」는 앞글자가 장음임을 나타냅니다.

にいさん 형님　　おじいさん 할아버지

❸ 「う」단 글자 뒤에 오는 「う」는 앞글자가 장음임을 나타냅니다.

くうき 공기　　ふうぞく 풍속

❹ 「え」단 글자 뒤에 오는 「え」는 앞글자가 장음임을 나타냅니다.

おねえさん 누나

한자어에서는 「え단」 글자 뒤에 「い」를 써서 장음을 나타냅니다. 이때 「い」는 장음 표기이므로 앞글자만 길게 발음하고 「い」는 발음하지 않아요.

せんせい 선생님　　えいが 영화

❺ 「お」단 글자 뒤에 오는 「う」, 「お」는 앞글자가 장음임을 나타냅니다.

どうろ 도로　　おとうさん 아버지

ほうせき 보석　　とおり 길

おおさか 오사카　　こおり 얼음

❻ カタカナ의 장음은 「ー」로 나타냅니다.

ワープロ 워드프로세서　　サービス 서비스

🎧 MP3 00-13

🏮발음(撥音)

「ん」은 우리말의 받침과 같은 역할을 하는 것으로 뒤에 오는 글자에 따라 발음이 달라져요. 단, 「ん」은 우리나라 받침과는 달리 음의 길이는 한 박자로 세어요.

❶ ㅇ ⇒ 「か」, 「が」행 앞에서

おんがく 음악   はんけつ 판결

けんがく 견학   りんご 사과

❷ ㄴ ⇒ 「さ」, 「ざ」, 「た」, 「だ」, 「な」, 「ら」행 앞에서

テント 텐트   ねんだい 연대

けんさ 검사   こんにち 오늘(날)

せんせい 선생님   しんらい 신뢰

❸ ㅁ ⇒ 「ま」, 「ば」, 「ぱ」행 앞에서

さんぽ 산책   えんぴつ 연필

さんま 꽁치   しんぶん 신문

❹ 「ㄴ」과 「ㅇ」의 중간음 ⇒ 「あ」, 「わ」, 「や」, 「は」행 앞에서

まんいん 만원   でんわ 전화

ほんや 서점   れんあい 연애

しんゆう 친구   ほん 책

😺 인사말

☐ **おはようございます。** 안녕하세요. (아침 인사)

☐ **いただきます。** 잘 먹겠습니다.

☐ **ごちそうさまでした。** 잘 먹었습니다.

☐ **いってきます。** 다녀오겠습니다.

☐ **いってらっしゃい。** 잘 다녀오너라. 잘 다녀오세요.

☐ **こんにちは。** 안녕하세요. (낮 인사)

☐ **ありがとうございます。** 고맙습니다.

☐ **どういたしまして。** 천만에요.

☐ **どうも すみません。** 죄송해요.

☐ **だいじょうぶです。** 괜찮아요.

☐ **じゃあね。** 안녕! (헤어질 때)

☐ **またね。** 안녕! (헤어질 때)

☐ **おさきに しつれいします。** 먼저 실례하겠습니다.

☐ **おつかれさまでした。** 고생하셨습니다.

☐ **こんばんは。** 안녕하세요. (밤 인사)

☐ **ただいま。** 다녀왔습니다.

☐ **おかえりなさい。** 잘 다녀왔니. 잘 다녀오셨어요.

☐ **おやすみなさい。** 안녕히 주무세요.

Day
01

지시대명사, 인칭대명사

이것 / 나, 저
これ / わたし
코 레   와 따 시

핵심표현

🎧 MP3 01-1

これ 이것

'이것'이라는 뜻으로, 사물을 가리킬 때 쓰는 지시대명사입니다. 지시대명사는 「こ(이)・そ (그)・あ(저)・ど(어느)」라고 기억해 두세요. 그럼, 사물을 가리키는 지시대명사와 함께 「こ・そ・あ・ど」는 각각 어떠한 경우에 써야 하는지에 대해서도 살펴볼까요?

지시대명사 こ・そ・あ・ど

こ～ (이～)	말하는 사람 쪽에 더 가깝게 있는 경우
そ～ (그～)	상대방 쪽에 더 가깝게 있는 경우
あ～ (저～)	말하는 사람과 상대방 모두로부터 멀리 있는 경우
ど～ (어느～)	여러 가지 중에서 어느 한 가지를 물어보는 경우

これ	それ	あれ	どれ
이것	그것	저것	어느 것
この	その	あの	どの
이	그	저	어느

「この」는 '이'라는 뜻으로, 단독으로는 쓸 수 없고 반드시 뒤에 명사가 함께 쓰여요. 뒤에 「ひと(사람)」를 붙이면 '이 사람'이 되지요.

これは はなです。 이것은 꽃입니다.

あれは ほんです。 저것은 책입니다.

단어 はな 꽃 | ほん 책

わたし 나, 저

「わたし」는 자기 자신을 가리키는 1인칭 대명사입니다. 성별에 상관없이 남녀노소 누구나 쓸 수 있지요. 남자가 많이 사용하는 「ぼく」와 「おれ」도 있으므로 함께 알아두세요. 그럼 일본어의 인칭대명사에 대해 함께 살펴볼까요?

1인칭	<ruby>私<rt>わたし</rt></ruby>	저, 나
	<ruby>僕<rt>ぼく</rt></ruby>	저, 나(남자가 많이 써요)
	<ruby>俺<rt>おれ</rt></ruby>	나(남자가 많이 써요)
2인칭	あなた	당신, 너
	<ruby>君<rt>きみ</rt></ruby>	자네, 너
3인칭	<ruby>彼<rt>かれ</rt></ruby>	그
	<ruby>彼女<rt>かのじょ</rt></ruby>	그녀

「かれ」와 「かのじょ」는 사귀고 있는 이성친구를 뜻하기도 합니다.
참고로 '남자친구'는 「かれし」라고도 한답니다.

더보기 **だれ 누구**

「だれ」는 '누구'라는 뜻의 의문사로, 사람에 대해 물어볼 때 씁니다. 반대로 사물에 대해 물어볼 때 쓰는 의문사는 '무엇'이라는 뜻의 「なん」입니다. 함께 알아두세요.

あの ひとは だれですか。 저 사람은 누구입니까?

단어 ひと 사람

1 보기 문장을 참고해서 바꾸어 말해보세요. 🎧 MP3 01-2

> わたしは ○○○です。 저는 ○○○입니다.
> 와 따 시 와   데 스

① **かれ － せんせい**　　그는 선생님입니다.
　카 레　　센 세 -

② **ぼく － がくせい**　　저는 학생입니다.
　보 쿠　　　각 세 -

③ **あなた － かいしゃいん**　　당신은 회사원입니다.
　아 나 따　　카 이 샤 인

④ **この ひと － こうこうせい**　　이 사람은 고등학생입니다.
　코 노 히 또　　코 - 코 - 세 -

2 보기 문장을 참고해서 바꾸어 말해보세요. 🎧 MP3 01-3

> これは けいたいです。 이것은 휴대전화입니다.
> 코 레 와 케 - 따 이 데 스

① **それ － くるま**　　그것은 자동차입니다.
　소 레　　　쿠 루 마

② **これ － なまえ**　　이것은 이름입니다.
　코 레　　　나 마 에

③ **それ － コート**　　그것은 코트입니다.
　소 레　　　코 - 또

④ **あれ － ペン**　　저것은 펜입니다.
　아 레　　　펜

단어　**先生** 선생님 │ **学生** 학생 │ **かいしゃいん** 회사원 │ **こうこうせい** 고등학생 │ **なまえ** 이름 │
コート 코트 │ **ペン** 펜

1 아래 단어를 바르게 연결해보세요.

자동차 •   • あなた

이름 •   • なまえ

너 •   • ひと

회사원 •   • くるま

저것 •   • あれ

사람 •   • かいしゃいん

2 다음 빈칸에 들어갈 알맞은 말을 [보기] 중에서 골라 히라가나로 써보세요.

これ   だれ   あの   あなた

❶ □□□ は がくせいです。

❷ □□ は ペンです。

❸ □□ かさは □□ のですか。

단어   かさ 우산

3 다음 빈칸에 들어갈 히라가나를 써보세요.

あ	い		え	お
	き	く	け	こ
さ	し			そ
た	ち	つ		
な		ぬ	ね	
	ひ	ふ	へ	ほ
ま		む		
や		ゆ		
	り	る		ろ
わ		を		ん

Day 02

조사(~는, ~가, ~의, ~를, ~와)

~은/는	~입니다
~は	**~です**
와	데 스

~이/가	~의	~를	~와/과
~が	**~の**	**~を**	**~と**
가	노	오	토

🎧MP3 02-1

～は ～です ~은/는 ~입니다

「～は」는 '~은/는'이라는 뜻의 조사인데, 「は」가 조사로 쓰일 때는 반드시 [wa]로 읽어야 해요. 「～です」는 '~입니다'라는 뜻입니다. 모두 명사 뒤에 붙어서 명사의 긍정문을 만드는 가장 기본적인 문장이에요. 참고로 「～です」 뒤에 「か」가 붙어 「～ですか」가 되면 '~입니까?'라는 의문문으로 쉽게 바꿀 수 있어요.

私は かいしゃいんです。 나는 회사원입니다.

彼は 友だちです。 그는 친구입니다.

彼女は 先生ですか。 그녀는 선생님입니까?

～が ~이/가

「～が」는 '~이/가'라는 뜻의 조사입니다. 우리나라의 '~가'와 발음도 비슷해서 외우기 쉽지요? 「～が」를 활용해서 문장 표현하는 법은 좀 더 뒤에 배워보도록 해요. 예문을 보고 이렇게 쓰이는구나 하고 대충 감으로만 익혀주세요!

ねこが います。 고양이가 있습니다.

かばんが あります。 가방이 있습니다.

단어 友だち 친구 | ねこ 고양이 | かばん 가방

～の ~의

우리나라는 명사와 명사 사이에 반드시 '~의'를 넣어주지 않지만, 일본에서는 웬만하면 거의 다 넣어주어야 해요.

ともだちの くつです。 친구의 신발입니다.
にほんごの 本です。 일본어(의) 책입니다.

～のですか ~의 것입니까?

여기에 쓰인 「～の」는 '~의 것'이라는 뜻의 '소유대명사'로, 뒤에 명사가 연결되지 않습니다. 니꺼 내꺼 할 때의 표현과 같아요. 「の」 바로 뒤에 「～です(~입니다)・~じゃ ないです(~이/가 아닙니다)・~ですか(~입니까?)」 등의 문형이 연결되면 '~의 것'이라고 해석해야 합니다.

この ペンは せんせいのです。 이 펜은 선생님의 것입니다.
あの めがねは だれのですか。 저 안경은 누구의 것입니까?

단어 | くつ 신발 | にほんご 일본어 | めがね 안경

～を ~을/를 (목적격 조사)

동사에 목적어가 필요한 경우에 목적격 조사인 「～を」를 씁니다. 「を」는 무조건 '~을/를'로만 쓰여요. 반면, 목적어가 필요 없는 자동사인 경우는 주격 조사 「～が(~이/가)」를 쓰면 됩니다. 동사를 배우기 전이니까 아직 신경 쓰지 않아도 괜찮아요.

テレビを みる。 텔레비전을 보다. [타동사인 경우]

ドアが あく。 문이 열리다. [자동사인 경우]

～と ~와/과

「～と」는 '~와/과'라는 뜻으로 열거를 할 때 사용하는 대표적인 조사입니다.

ねこと いぬ 고양이와 개

コーヒーと ジュース 커피와 주스

단어 テレビ TV, 텔레비전 | みる 보다 | ドア 문 | あく 열리다 | いぬ 개 | コーヒー 커피 |
ジュース 주스

1 보기 문장을 참고해서 바꾸어 말해보세요. 🎧 MP3 02-2

> **私は 〇〇〇です。** 저는 〇〇〇입니다.
> わたし
> 와따시와   데 스

❶ **かれ － せんせい**   그는 선생님입니다.
　　카 레　　　센 세 ー

❷ **僕 － 学生**   저는 학생입니다.
　ぼく　がくせい
　보쿠　각 세 ー

❸ **あなた － かいしゃいん**   당신은 회사원입니다.
　아 나 따　　카 이 샤　인

❹ **この 人 － こうこうせい**   이 사람은 고등학생입니다.
　　　ひと
　코 노 히또　　코 － 코 － 세 ー

> Day01의 문장과 똑같지요? 저번 시간에는 명사만 배웠다면
> 이번에는 문장 구조에 집중해서 바꾸어 말해보세요.

2 보기 문장을 참고해서 바꾸어 말해보세요. 🎧 MP3 02-3

> **これは わたしの けいたいです。** 이것은 저의 휴대전화입니다.
> 코 레 와 와 따 시 노 케 ー 따 이 데 스

❶ **それ － くるま**   그것은 저의 자동차입니다.
　소 레　　쿠 루 마

❷ **これ － なまえ**   이것은 저의 이름입니다.
　코 레　　나 마 에

❸ **それ － コート**   그것은 저의 코트입니다.
　소 레　　코 ー 또

❹ **あれ － ペン**   저것은 저의 펜입니다.
　아 레　　펜

3 보기 문장을 참고해서 바꾸어 말해보세요.　　🎧MP3 02-4

この かさは だれのですか。
코 노 카 사 와 다 레 노 데 스 까
이 우산은 누구의 것입니까?

その かさは パクさんのです。
소 노 카 사 와 파 쿠 상 노 데 스
그 우산은 박 씨의 것입니다.

① **とけい － たなかさん**
　토 케 － 　타 나 까 상
이 시계는 누구의 것입니까?
그 시계는 타나까 씨의 것입니다.

② **ぼうし － わたし**
　보 － 시 　와 따 시
이 모자는 누구의 것입니까?
모자는 제 것입니다.

③ **まんが － ともだち**
　망 가 　토 모 다 찌
이 만화는 누구의 것입니까?
그 만화는 친구의 것입니다.

④ **くるま － イさん**
　쿠 루 마 　이 상
이 자동차는 누구의 것입니까?
그 자동차는 이 씨의 것입니다.

단어 **とけい** 시계 | **〜さん** 〜씨 | **ぼうし** 모자 | **まんが** 만화

1 다음 빈칸에 들어갈 알맞은 말을 [보기] 중에서 골라 히라가나로 써보세요.

> です　は　が　のです　の

① わたし☐ がくせい☐☐。　저는 학생입니다.

② これは わたし☐ けいたいです。　이것은 제 휴대폰입니다.

③ この かさは だれ☐☐☐か。　이 우산은 누구의 것입니까?

④ ねこ☐ います。　고양이가 있습니다.

2 다음 밑줄 친 부분의 우리말 의미에 해당하는 일본어를 써보세요.

① ＿＿＿＿＿は しゃいん＿＿＿＿＿。
　　　나, 저　　　　　　　　입니다

② ＿＿＿＿＿は わたし＿＿＿＿ けいたいです。
　　　그것　　　　　　　의

③ ＿＿＿＿＿ めがねは だれ＿＿＿＿ですか。
　　　저　　　　　　　　　의 것

3 잘 듣고 B의 대답으로 알맞은 것을 ①~③ 중에서 골라보세요. 🎧 MP3 02-5

① **A** この まんがは だれのですか。

   B ①   ②   ③

② **A** これは だれのですか。

   B ①   ②   ③

4 다음 밑줄 친 부분의 우리말 의미에 해당하는 일본어를 써보세요.

① わたし_____ かいしゃいん_____。
   　　　　　는　　　　　　　　　　　　입니다

② _____は わたしの _____です。
   　　이것　　　　　　　　　　　우산

③ テレビ_____ みる。
   　　　를

5 아래 단어를 바르게 연결해보세요.

~입니다	●	●	~の
친구	●	●	ねこ
~의	●	●	~です
일본어	●	●	ともだち
텔레비전, TV	●	●	~を
~을/를	●	●	にほんご
고양이	●	●	テレビ
~은/는	●	●	~は

6 다음 문장을 따라 써보세요.

① かれは ともだちです。

_____。

② ねこが います。

_____。

③ これは わたしの コートです。

_____。

④ この かさは だれのですか。

_____。

7 다음 문장을 일본어로 써보세요.

① 저는 학생입니다.

_____。

② 이것은 저의 이름입니다.

_____。

③ 이 안경은 누구의 것입니까?

_____。

Day 03

'예', '아니요'

예	아니요
はい	**いいえ**
하 이	이 이 에

~이/가	아닙니다
~じゃ	**ありません**
쟈	아 리 마 셍

🎧 MP3 03-1

はい 예 / いいえ 아니요

「いいえ」는 '아니요'라는 부정을 뜻하는 대답 표현입니다. 반대로 '예', '네'라는 긍정을 뜻하는 대답 표현은 「はい」입니다. 일반적으로 긍정 대답 뒤에 「そうです(그렇습니다)」를 함께 쓰는 경우가 많습니다. 반말로 말할 때는 「うん(응)」, 「いや(아니)」, 「ううん(아니)」라고 할 수 있어요.

はい、そうです。 예, 그렇습니다.

いいえ、そうじゃ ありません。 아니요, 그렇지 않습니다.

〜じゃ ありません
〜이/가 아닙니다

「〜じゃ ありません」은 「〜です(입니다)」의 부정 표현으로 '〜가 아닙니다'라는 뜻입니다. 같은 말이라도 공손한 정도에 따라 다르게 말할 수 있어요.

〜では ありません
〜じゃ ありません
〜じゃ ないです

내려갈수록 더 가벼운 표현이에요!

くるまでは ありません。 자동차가 아닙니다.

日本人じゃ ありません。 일본인이 아닙니다.

かばんじゃ ないです。 가방이 아닙니다.

단어 日本人 일본인

1 보기 문장을 참고해서 바꾸어 말해보고, 본인의 상황에 맞게 답해보세요. 🎧 MP3 03-2

> あなたは 韓国人ですか。　당신은 한국인입니까?
> 아 나 따 와　캉 코 쿠 징 데 스 까
>
> はい、そうです。　예, 그렇습니다.
> 하 이　소 - 데 스
>
> いいえ、韓国人じゃ ありません。　아니요, 한국인이 아닙니다.
> 이 이 에　캉 코 쿠 징 쟈　아 리 마 셍

❶ せんせい
　센 세 -

❷ がくせい
　각 - 세 -

❸ キムさん
　키 무 상

❹ アイドル
　아 이 도 루

2 보기 문장을 참고해서 바꾸어 말해보고, 본인의 상황에 맞게 답해보세요. 🎧 MP3 03-3

> いいえ、日本人じゃ ないです。　아니요, 일본인이 아닙니다.
> 이 이 에　니 혼 진 쟈　나 이 데 스
>
> 韓国人です。　한국인입니다.
> 캉 코 쿠 징 데 스

❶ りんご － いちご
　링 고　　이 치 고

❷ にほんご － かんこくご
　니 홍 고　　캉 꼬 꾸 고

❸ ひらがな － カタカナ
　히 라 가 나　카 타 까 나

❹ ペン － えんぴつ
　펜　　엔 삐 츠

단어 韓国人 한국인 | アイドル 아이돌 | りんご 사과 | いちご 딸기 | 日本語 일본어 |
韓国語 한국어 | えんぴつ 연필

46

1 다음 빈칸에 들어갈 알맞은 말을 [보기] 중에서 골라 히라가나로 써보세요.

> はい　ないです　ありません　いいえ

① □□、そうです。　예, 그렇습니다.

② えんぴつじゃ □□□□□。　연필이 아닙니다.

③ □□□、そうじゃ ありません。　아니요, 그렇지 않습니다.

④ ペンじゃ □□□□。　펜이 아닙니다.

2 다음 밑줄 친 부분의 우리말 의미에 해당하는 일본어를 써보세요.

① わたし＿＿＿＿＿ 日本人＿＿＿＿＿ ＿＿＿＿＿＿＿＿。
　　　　　는　　　　　　　　　이　　　　　　　아닙니다

② ＿＿＿＿＿＿ くるまは あなたのですか。
　　　저

③ ＿＿＿＿＿＿、そうです。
　　　예

3 아래 단어를 바르게 연결해보세요.

~가 아닙니다 •   • はい

예 •   • ~じゃ ありません

딸기 •   • えんぴつ

연필 •   • アイドル

사과 •   • いちご

히라가나 •   • りんご

아이돌 •   • いいえ

아니요 •   • ひらがな

48

4 다음 문장을 따라 써보세요.

① あなたは がくせいですか。

_____ 。

② いいえ、ペンじゃ ありません。

_____ 。

③ いちごじゃ ありません。

_____ 。

④ これは わたしの コートじゃ ないです。

_____ 。

5 다음 문장을 일본어로 써보세요.

① 당신은 선생님입니까?

_____ 。

② 예, 그렇습니다.

_____ 。

③ 아니요, 사과가 아닙니다.

_____ 。

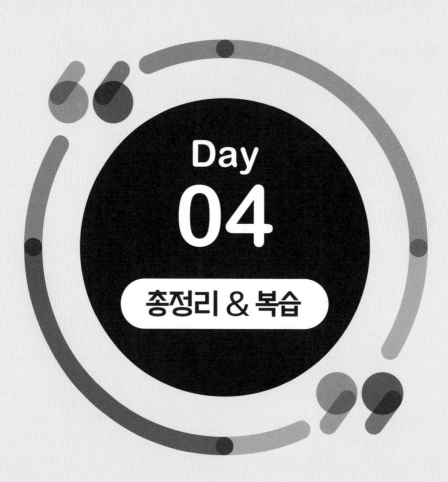

Day
04

총정리 & 복습

これ 이것

わたし 나, 저

〜は 〜です ~은/는 ~입니다

〜が ~이/가

〜の ~의

〜のですか ~의 것입니까?

〜を ~을/를 (목적격 조사)

〜と ~와/과

はい 예 / いいえ 아니요

〜じゃ ありません ~이/가 아닙니다

MP3 04-1

キム　　**はじめまして。キムです。**
　　　　하 지 메 마 시 떼　키 무 데 스

すずき　**はじめまして。すずきです。**
　　　　하 지 메 마 시 떼　스 즈 키 데 스

キム　　**わたしは インターンです。**
　　　　와 따 시 와　인 탄 데 스

　　　　よろしく おねがいします。
　　　　요 로 시 꾸 오 네 가 이 시 마 스

　　　　すずきさんも インターンですか。
　　　　스 즈 키 상 모 인 탄 데 스 까

すずき　**いいえ、わたしは インターンじゃ ありません。**
　　　　이 – 에 와 따 시 와　인 탄 쟈 아 리 마 셍

　　　　しゃいんです。
　　　　샤 인 데 스

김	처음 뵙겠습니다. 김입니다.
스즈키	처음 뵙겠습니다. 스즈키입니다.
김	저는 인턴입니다. 잘 부탁드립니다. 스즈키 씨도 인턴입니까?
스즈키	아니오, 저는 인턴이 아닙니다. 사원입니다.

단어　**インターン** 인턴 ｜ **しゃいん** 사원

52

はじめまして 처음 뵙겠습니다

누군가와 처음 만났을 때 서로 주고받는 인사말로, 나이에 상관없이 모두에게 쓸 수 있어요. 보통 「はじめまして」라고 인사한 후에 「どうぞ よろしく おねがいします (아무쪼록 잘 부탁합니다)」라는 표현을 덧붙이는 경우가 많습니다. 함께 알아두세요.

 キムです 김입니다

이 표현은 상대방에게 자신의 이름을 소개할 때 쓰는데, 앞에 「わたしは(저는)」가 생략된 표현입니다. 우리나라처럼 보통 1인칭 대명사를 생략하여 말하는 경우가 많습니다.

 おねがいします 부탁합니다, 부탁드립니다

「よろしく おねがいします(잘 부탁합니다)」라는 표현으로 많이 쓰여요. 식당이나 가게에서 뭔가를 주문할 때 「주문할 것 + おねがいします」라고도 쓸 수 있습니다.

 ～も ~도

새로운 조사의 등장! 「～も」는 '~도'를 뜻합니다. 앞에서 배운 단어를 활용해볼까요? '나도 너도'는 「わたしも あなたも」, '이것도 저것도'는 「これも あれも」라고 하면 됩니다.

🍶 **앞에서 배운 표현이에요**

Day 02	**～は ～です** ~은/는 ~입니다
Day 03	**いいえ** 아니요
Day 03	**～じゃ ありません** ~이 아닙니다

イ　　はやしさん、それは なんですか。
하야시 상　소레와　난 데스 까

🎧MP3 04-2

はやし　ああ、これは わたしの けいたいです。
아 −　코레와 와따시노 케−타이데스

イ　　そうですか。じゃ、この かさは だれのですか。
소−데스 까　쟈　코노 카사와　다레노데스 까

はやし　その かさは わたしのじゃ ありません。
소 노 카사와 와따시노　쟈　아리마 셍

　　　　それは たぶん パクさんのです。
소 레와 타 붕　파꾸 상 노데스

이　　　하야시 씨, 그것은 무엇입니까?

하야시　아~, 이것은 제 휴대전화입니다.

이　　　그렇군요. 그럼, 이 우산은 누구의 것입니까?

하야시　그 우산은 제 것이 아닙니다.
　　　　그것은 아마 박 씨의 것입니다.

단어　かさ 우산 | けいたい 휴대전화

なんですか 무엇입니까

한자 「何」는 '무엇'을 뜻하고, 「なに」 또는 「なん」이라고 읽습니다. 뒤에 「～ですか」가 붙을 때는 なん이라고 읽어요. 바로 다음 과인 Day 05에서도 배우게 될 거예요. 정말 많이 쓰이는 표현이니까 외워두세요!

 ## けいたい 휴대전화, 휴대폰

원래 휴대전화의 정식 이름은 「携帯電話(けいたいでんわ)」인데요. 단어가 너무 길어서 「けいたい」, 「ケイタイ」라고 줄여 부릅니다.

 ## じゃ 그럼

대화 주제를 바꾸거나 정리할 때 쓰는 표현이에요. 친한 사람과 헤어질 때 인사말로 「じゃ、また。(그럼 또 다음에)」라고도 많이 씁니다.

 ## たぶん 아마

어떠한 것에 대해 확신할 수는 없지만 가능성이 높을 경우, 즉 '대개', '아마'를 뜻하는 표현입니다. 정말 많이 쓰이는 표현이니 알아두시면 좋아요.

🎋 앞에서 배운 표현이에요

Day 01	**それ** 그것 **これ** 이것
Day 02	**～の** ～의
Day 02	**～のですか** ～의 것입니까
Day 01	**わたし** 저, 나
Day 03	**～じゃ ありません** ～이/가 아닙니다

연습문제

1 다음 빈칸에 들어갈 알맞은 말을 [보기] 중에서 골라 히라가나로 써보세요.

> です　は　この　ありません　だれ　の

① わたし☐ インターン☐☐。

② これは わたし☐ けいたいです。

③ ☐☐ かさは ☐☐のですか。

2 다음 밑줄 친 긍정 표현을 부정 표현으로 바꾸어 써보세요.

① 彼は <u>しゃいんです</u>。 → _____

② その かさは <u>わたしのです</u>。 → _____

③ あれは <u>わたしの えんぴつです</u>。 → _____

3 다음 밑줄 친 부분의 우리말 의미에 해당하는 일본어를 써보세요.

① _____は しゃいん_____。
　　　저　　　　　　　　　　입니다

② _____は わたし_____ けいたいです。
　　　그것　　　　　　　　　의

③ _____ かさは だれ_____ですか。
　　　저　　　　　　　　　의 것

56

1 다음 빈칸에 들어갈 알맞은 단어를 ①~④ 중에서 골라보세요.

❶ これは ［저, 나］ の けいたいです。

① あだし ② わだし ③ わたし ④ わたじ

❷ いいえ、［인턴］ じゃ ありません。

① インタン ② インターン ③ イータン ④ インタ

2 ＿＿＿★＿＿＿에 들어갈 알맞은 말을 ①~④ 중에서 골라보세요.

❶ それ ＿＿＿＿ ＿★＿ ＿＿＿＿ ＿＿＿＿ですか。

① すずきさん ② の ③ けいたい ④ は

❷ この ＿＿＿＿ ＿＿＿＿ ＿★＿ ＿＿＿＿です。

① は ② キムさん ③ かさ ④ の

3 잘 듣고 B의 대답으로 알맞은 것을 ①~③ 중에서 골라보세요. 🎧MP3 04-3

❶ A はじめまして。わたしは キムです。

B ① ② ③

❷ A それは なんですか。

B ① ② ③

Day
05

숫자, 시간

숫자 0~10

^시 ^분
숫자＋時 숫자＋分

🎧 MP3 05-1

何時 몇시
なん じ

원래 「なん」은 '무엇'이라는 뜻으로 쓰이는 말인데, 여러 가지 조수사 앞에 붙여서 쓰면 '몇 ~, 무슨 ~'의 뜻이 됩니다. 「じ」는 한자 時(때 시)를 읽은 것이에요. 우리나라와 발음이 비슷해서 외우기 쉽지요? 한자로 쓰면 何時가 됩니다.

なんじ 몇시	**なんぷん** 몇분
なんまい 몇장	**なんにん** 몇명
なんがつ 몇월	**なんようび** 무슨 요일

숫자 0〜10

일본어 숫자 1부터 10까지는 다음과 같이 읽습니다. 이 중에서 '4, 7, 9'는 읽는 법이 두 가지니까 잘 기억해두세요. 숫자 0은 「れい」 또는 「まる」라고 읽지만, 영어 zero를 가타카나로 옮긴 「ゼロ」로 읽는 경우도 많아요.

1	2	3	4	5
いち	に	さん	し・よん	ご

6	7	8	9	10
ろく	しち・なな	はち	きゅう・く	じゅう

단어 ～まい ~매, ~장 | ～にん ~명 | ～がつ ~월 | ～ようび ~요일

숫자+時　숫자+分
시　　　　분

앞에서 배운 내용을 활용해서 '○시 ○분'을 말하는 연습을 해봅시다. '몇 시 몇 분'은
「なんじ なんぷん」이라고 합니다.

1시	2시	3시	4시
いちじ	にじ	さんじ	よじ

5시	6시	7시	8시
ごじ	ろくじ	しちじ	はちじ

9시	10시	11시	12시
くじ	じゅうじ	じゅういちじ	じゅうにじ

1분	2분	3분	4분	5분
いっぷん	にふん	さんぷん	よんぷん	ごふん

6분	7분	8분	9분	10분
ろっぷん	ななふん	はっぷん	きゅうふん	じゅっぷん じっぷん

● ふん(분)은 앞에 붙은 숫자에 따라 ぷん으로 써야 해요.

전화번호 읽는 방법

이번 과에서 일본어의 숫자인 0부터 10까지 배웠으니 숫자와 관련된 표현 중에서 전화번호를 읽는 방법을 배워보도록 하겠습니다. 이 방법은 전화번호 외에도 우편번호나 아파트, 호텔 등의 호실을 읽는 경우에도 적용되므로 잘 알아두세요.

전화번호를 읽을 때는 다음과 같은 규칙에 따라 읽습니다.

1. 모든 숫자들은 한 개씩 따로따로 읽는다.
2. 하이픈(-)으로 표시되는 것은 「の」로 읽는다.
3. 읽는 음이 1박자인 숫자 2(に)와 5(ご)의 경우는 읽는 음이 2박자인 나머지 숫자들과 음의 길이가 같아지도록 2박자로 길게 늘려서 2(に〜)와 5(ご〜)라고 읽는다.
4. 읽는 음이 2가지인 숫자 4(し・よん)와 7(しち・なな)의 경우는 각각 「よん」과 「なな」로만 읽는다. 왜냐하면 「し」와 「しち」는 발음이 비슷하여 정확하게 숫자를 전달하기 어렵기 때문이다.
5. 숫자 0은 주로 「ゼロ(zero)」라고 읽지만, 「まる」 또는 「れい」로 읽는 경우도 있다.

0	1	–	2	3	4	5	–	6	7	8	9
ゼロ	いち	の	にー	さん	よん	ごー	の	ろく	なな	はち	きゅう

xxx-xxx-xxxx

응용표현

1 보기 문장을 참고해서 바꾸어 말해보세요. 🎧 MP3 05-2

今 4時です。 지금 4시입니다.

❶ 10시

❷ 7시

❸ 9시

❹ 2시

2 보기 문장을 참고해서 바꾸어 말해보세요. 🎧 MP3 05-3

何時 何分ですか。 몇 시 몇 분입니까?
4時 2分です。 4시 2분입니다.

❶ 11시 5분

❷ 3시 10분

❸ 12시 8분

❹ 1시 4분

단어 今 지금

1 잘 듣고 B의 대답으로 알맞은 것을 ①~③ 중에서 골라보세요. 🎧MP3 05-4

❶ A 今 何時ですか。

 B ①   ②   ③

❷ A 今 何時 何分ですか。

 B ①   ②   ③

2 다음 밑줄 친 부분의 우리말 의미에 해당하는 일본어를 써보세요.

❶ 今 _____ ですか。
　　　　　　 몇 시

❷ 3時 _____ です。
　　　　　　 3분

❸ ルームは _____ _____ _____ ごうしつです。
　　　　　　5　　　　　1　　　　　7

3 아래 단어를 바르게 연결해보세요.

1 ●   ● さん

2 ●   ● よん

3 ●   ● に

4 ●   ● いち

5 ●   ● はち

6 ●   ● ろく

7 ●   ● じゅう

8 ●   ● ご

9 ●   ● きゅう

10 ●   ● ゼロ

0 ●   ● なな

4 다음 문장을 따라 써보세요.

① 今 何時ですか。
　いま　なんじ

_____。

② 今 じゅうじです。
　いま

_____。

③ ごじ ろっぷんです。

_____。

④ さんまるごごうしつです。

_____。

5 다음 문장을 일본어로 써보세요.

① 지금 몇 시 몇 분입니까?

_____。

② 8시 5분입니다.

_____。

③ 010-2345-6789입니다.

_____。

Day 06

날짜, 요일

월	일	요일
がつ	にち	よう び
〜月	〜日	〜曜日
게츠	니찌	요ー비

MP3 06-1

월(月)
^{がつ}

'1월, 2월, ……'과 같은 '~월'은 한자 「月」을 「がつ」로 읽습니다. 「月」 앞에 어떤 숫자가 오더라도 똑같이 「がつ」로 한자 읽는 방법은 바뀌지 않습니다. 단 4월, 7월, 9월은 숫자 읽는 방법이 달라지므로 틀리지 않도록 잘 기억해두세요. '몇 월입니까?'는 「何月ですか。」라고 합니다.

1월	2월	3월
いちがつ 1月	にがつ 2月	さんがつ 3月

4월	5월	6월
しがつ 4月	ごがつ 5月	ろくがつ 6月

7월	8월	9월
しちがつ 7月	はちがつ 8月	くがつ 9月

10월	11월	12월
じゅうがつ 10月	じゅういちがつ 11月	じゅうにがつ 12月

일(日)

^{にち}

'1일, 2일……'과 같은 '~일'은 한자 「日」을 「にち」로 읽는 것이 기본적인데, 예외로 1일, 초하루는 「ついたち」라고 읽고, 2일~10일은 「日」을 「か」로 읽어야 합니다. '1일~10일'의 읽는 법은 틀리기 쉬우므로 정확히 외워두세요. 11일부터는 훨씬 쉬워지지만 한 번에 31일까지 공부하기는 힘드니까 조금씩 알아가도록 해요. 11일부터는 뒤에서 공부해봅시다. '며칠입니까?'는 「何日ですか。」라고 합니다.

1일	2일	3일
ついたち 1日	ふつか 2日	みっか 3日

4일	5일	6일
よっか 4日	いつか 5日	むいか 6日

7일	8일	9일
なのか 7日	ようか 8日	ここのか 9日

10일
とおか 10日

요일(曜日)

요일 표현은 아래와 같습니다. 뒤에 '요일'을 뜻하는 「曜日」가 반드시 붙고, 앞에만 바꿔 주면 됩니다. 참고로 요일을 물어볼 때는 「何曜日ですか。(무슨 요일입니까?)」라고 합 니다. '토요일'을 읽을 때 '토(土)'를 「と」가 아닌 「ど」로 읽는 것에 주의하세요.

월요일	화요일	수요일	목요일
月曜日	火曜日	水曜日	木曜日

금요일	토요일	일요일
金曜日	土曜日	日曜日

어제, 오늘, 내일

때를 나타내는 말 중에서 날(日)을 기준으로 어떤 말을 쓰는지 알아봅시다. 일기예보나 방송 등에서는 '내일'을 「あす」라고도 읽어요. 정말 자주 보는 단어니까 한자도 조금씩 눈 에 익혀보아요!

그저께	어제	오늘	내일	모레
おととい	昨日	今日	明日	あさって

1 보기 문장을 참고해서 바꾸어 말해보세요. 🎧 MP3 06-2

> ^{きょう}今日は ^{すい よう び}水曜日です。 오늘은 수요일입니다.

① ^{げつよう び}月曜日

② ^{ど よう び}土曜日

③ ^{にちよう び}日曜日

④ ^{もくよう び}木曜日

2 보기 문장을 참고해서 바꾸어 말해보세요. 🎧 MP3 06-3

> ^{あした}明日は ^{くがつ}9月 ^{とおか}10日です。 내일은 9월 10일입니다.

① ^{きょう}今日 ― 9月 1日

② ^{あした}明日 ― 7月 4日

③ あさって ― 4月 8日

④ たんじょうび ― 10月 3日

단어 たんじょうび 생일

70

1 다음 빈칸에 들어갈 알맞은 말을 [보기] 중에서 골라 히라가나로 써보세요.

> よっか　なんようび　かようび　むいか　ついたち

① 今日^{きょう}は □□□□です。　오늘은 화요일입니다.

② 明日^{あした}は 3月 □□□です。　내일은 3월 4일입니다.

③ 明日^{あした}は □□□□□ですか。　내일은 무슨 요일입니까?

④ 今日^{きょう}は □□□じゃ ないです。　오늘은 6일이 아닙니다.

2 다음 밑줄 친 부분의 우리말 의미에 해당하는 일본어를 써보세요.

① _____は 3日^{みっか}です。
　　　내일

② _____は _____です。
　　　오늘　　　　　　　　금요일

③ 明日^{あした}は _____ _____、こどもの日^ひです。
　　　　　5월　　　　　　　5일

단어　こどもの日 어린이날

3 아래 단어를 바르게 연결해보세요.

그저께 ●	● 明日 (あした)
어제 ●	● 昨日 (きのう)
내일 ●	● 水曜日 (すいようび)
월요일 ●	● 月曜日 (げつようび)
수요일 ●	● おととい
3일 ●	● なのか
7일 ●	● ここのか
9일 ●	● みっか

4 다음 문장을 따라 써보세요.

① 今日は 何ようびですか。
_{きょう} _{なん}

_____。

② 今日は 金曜日です。
_{きょう} _{きん よう び}

_____。

③ 明日は いちがつ むいかです。
_{あした}

_____。

④ あさっては 木曜日ですか。
_{もく よう び}

_____。

5 다음 문장을 일본어로 써보세요.

① 내일은 무슨 요일입니까?

_____。

② 오늘은 2월 8일입니다.

_____。

③ 내일은 2월 9일, 토요일입니다.

_____。

Day 07

~부터 ~까지

부터   까지
～から ～まで
카 라   마 데

🎧 MP3 07-1

～から ～まで ~부터 ~까지

이 표현은 시간이나 장소 등을 가리키는 명사 뒤에 쓰이는 것으로 어떤 범위를 나타낼 때 씁니다. 「から」는 시작되는 부분을 나타내고 「まで」는 끝나는 부분을 나타냅니다.

시간, 때	**あさから ばんまで** 아침부터 밤까지
	1時から 5時まで 1시부터 5시까지
장소	**韓国^{かんこく}から 日本^{にほん}まで** 한국에서 일본까지

이번 주, 이번 달, 올해

지난주	이번 주	다음 주
せん しゅう 先週	こん しゅう 今週	らい しゅう 来週

지난달	이번 달	다음 달
せん げつ 先月	こん げつ 今月	らい げつ 来月

작년	올해	내년
きょ ねん 去年	こ とし 今年	らい ねん 来年

단어 **あさ** 아침 | **ばん** 밤

1 보기 문장을 참고해서 바꾸어 말해보세요. 🎧MP3 07-2

> ぎんこうは 何時^{なんじ}から 何時^{なんじ}までですか。
>
> 은행은 몇 시부터 몇 시까지입니까?
>
> 9時^じから 3時^じまでです。 9시부터 3시까지입니다.

① かいぎ － 2時～3時 　　　회의 － 2시~3시

② レストラン － 11時～7時 　　レ스토랑 － 11시~7시

③ ゆうびんきょく － 9時～4時 　우체국 － 9시~4시

④ デパート － 10時～8時 　　백화점 － 10시~8시

단어 　**かいぎ** 회의 ｜ **レストラン** 레스토랑 ｜ **ゆうびんきょく** 우체국 ｜ **デパート** 백화점

1 아래 단어를 바르게 연결해보세요.

회의 　●　　　　　　　　　●　かいぎ

레스토랑 　●　　　　　　　　　●　〜まで

백화점 　●　　　　　　　　　●　レストラン

〜부터 　●　　　　　　　　　●　〜から

〜까지 　●　　　　　　　　　●　デパート

아침 　●　　　　　　　　　●　あさ

올해 　●　　　　　　　　　●　来週
らいしゅう

다음 주 　●　　　　　　　　　●　今年
ことし

2 다음 밑줄 친 부분의 우리말 의미에 해당하는 일본어를 써보세요.

❶ レストランの ランチは 11時_____ 2時までです。
　　　　　　　　　　　　　　　부터

❷ ラーメン屋は 4時から 10時_____です。
　　　　　　　　　　　　　　　까지

단어 ランチ 런치, 점심 | ラーメン 라멘 | 屋 가게

Day 08

명사 과거형, 과거 부정

~이었습니다
～でした
데 시 따

~이/가 　　　　아니었습니다
～じゃ　なかったです
　쟈　　　나　캇　따 데 스

🎧 MP3 08-1

〜でした ~이었습니다

명사 뒤에 「〜でした」를 붙이면 「です(입니다)」 과거형의 정중한 표현이 됩니다.

あの 方^{かた}は せんせいでした。 저 분은 선생님이었습니다.

彼^{かれ}は 会社員^{かいしゃいん}でした。 그는 회사원이었습니다.

〜じゃ なかったです
~이/가 아니었습니다

명사 뒤에 「〜じゃ なかったです」를 붙이면 정중한 과거 부정 표현이 됩니다. 좀 더 정중하게 표현하려면 「〜じゃ ありませんでした」라고 합니다.

〜では ありませんでした

〜じゃ ありませんでした   내려갈수록 더 가벼운 표현이에요!

〜じゃ なかったです

あの 人^{ひと}は 歌手^{かしゅ}じゃ なかったです。
저 사람은 가수가 아니었습니다.

それは 水^{みず}じゃ ありませんでした。
그것은 물이 아니었습니다.

단어 方^{かた} 분(상대방을 높여 부르는 말) | 歌手^{かしゅ} 가수 | 水^{みず} 물

1 보기 문장을 참고해서 바꾸어 말해보세요.　🎧 MP3 08-2

> <ruby>昨日<rt>きのう</rt></ruby>は <ruby>水曜日<rt>すいようび</rt></ruby>でした。　어제는 수요일이었습니다.

① <ruby>月曜日<rt>げつようび</rt></ruby>

② <ruby>土曜日<rt>どようび</rt></ruby>

③ <ruby>火曜日<rt>かようび</rt></ruby>

④ <ruby>木曜日<rt>もくようび</rt></ruby>

2 보기 문장을 참고해서 바꾸어 말해보세요.　🎧 MP3 08-3

> いいえ、<ruby>水曜日<rt>すいようび</rt></ruby>じゃ なかったです。
>
> 아니요, 수요일이 아니었습니다.

① <ruby>電車<rt>でんしゃ</rt></ruby>

② テスト

③ <ruby>夏休<rt>なつやす</rt></ruby>み

④ パソコン

단어 <ruby>電車<rt>でんしゃ</rt></ruby> 전차 | テスト 테스트 | <ruby>夏休<rt>なつやす</rt></ruby>み 여름방학 | パソコン PC, 컴퓨터

연습문제

1 잘 듣고 B의 대답으로 알맞은 것을 ①~③ 중에서 골라보세요. 🎧 MP3 08-4

　❶ **A** きのうは 何曜日でしたか。
　　　　　　　　　なん よう び

　　B ①　　　　　　　　②　　　　　　　　③

　❷ **A** あの 人は 歌手でしたか。
　　　　　　　ひと　　 か しゅ

　　B ①　　　　　　　　②　　　　　　　　③

2 다음 밑줄 친 부분의 우리말 의미에 해당하는 일본어를 써보세요.

　❶ あの 人は せんせい＿＿＿＿＿＿＿＿。
　　　　　 ひと
　　　　　　　　　　　　　　　 였습니다

　❷ ＿＿＿＿＿＿＿＿は 火曜日でした。
　　　　　　　　　　　　　 か よう び
　　　　　　 어제

　❸ おとといは 火曜日＿＿＿＿＿　＿＿＿＿＿＿＿＿＿＿＿＿＿。
　　　　　　　　 か よう び
　　　　　　　　　　　　　　　 이　　　　　　　　　 아니었습니다

Day
09

총정리 & 복습

何時 몇 시
（なんじ）

ゼロ〜じゅう 1~10

숫자 + 時 시 **숫자 + 分** 분
（じ）（ふん）

月 월 / **日** 일 / **曜日** 요일
（がつ）（にち）（ようび）

昨日 어제 / **今日** 오늘 / **明日** 내일
（きのう）（きょう）（あした）

〜から 〜まで ~부터 ~까지

〜でした ~이었습니다

〜じゃ なかったです ~이/가 아니었습니다

キム　　すみません、今 何時ですか。 🎧 MP3 09-1

すずき　今、午後 4時です。

キム　　ぎんこうは 何時から 何時までですか。

すずき　9時から 5時までです。

キム　　そうですか。どうも ありがとうございます。

김	저기요, 지금 몇 시입니까?
스즈키	지금, 오후 4시입니다.
김	은행은 몇 시부터 몇 시까지입니까?
스즈키	9시부터 5시까지입니다.
김	그렇군요. 매우 고맙습니다.

すみません 저기요

원래 「すみません」은 '죄송합니다'라는 뜻으로 사과할 때 쓰는 인사말인데, 식당이나 상점 등에서 점원을 부르거나 누군가에게 길을 물어볼 때는 '저기요'라는 뜻으로 쓰이기도 합니다.

午後 오후

오전은 「午前」이라고 하고, 오후는 「午後」라고 합니다. 4시를 말할 때 오후 4시를 말하는 건지, 새벽인 오전 4시를 말하는 건지 서로 헷갈리지 않게 「ごぜん」 또는 「ごご」를 붙여서 말해주면 전달하는 내용이 더 명확해지겠지요?

どうも ありがとうございます 매우/너무 고맙습니다

상대방에게 감사의 뜻을 전할 때 쓰는 인사말이에요. '천만에요'라는 뜻의 「どう いたしまして」라고 대답하기도 합니다. 함께 알아두세요.

🪕 앞에서 배운 표현이에요

Day 05	今 何時ですか 지금 몇 시입니까
Day 05	～時 ～시
Day 07	～から ～まで ～부터 ～까지

🎧 MP3 09-2

さとう　昨日(きのう)は 水曜日(すいようび)でしたね。

イ　　　いいえ、水曜日(すいようび)じゃ なかったです。

　　　　昨日(きのう)は 火曜日(かようび)でした。

さとう　え! それじゃ、明日(あした)が かいぎですね。

사토	어제는 수요일이었지요?
이	아니요, 수요일이 아니었습니다.
	어제는 화요일이었습니다.
사토	어! 그렇다면, 내일이 회의군요.

それじゃ 그렇다면

앞에서 배운 「じゃ」와 비슷한 표현이에요. 조금 더 정중하고 격식 차린 표현은 「それ
では」입니다.

〜ね ~군요

문장 맨 끝에 쓰인 「ね」는 말하는 사람의 감정을 나타내는 종조사로, 일반적으로 억
양을 내려서 말하며 '〜군, 〜네'와 같이 해석하는 경우가 많답니다.

앞에서 배운 표현이에요

Day 05	昨日(きのう) 어제
Day 06	〜曜日(ようび) 〜요일
Day 08	〜でした 〜였습니다
Day 08	〜じゃ なかったです 〜이/가 아니었습니다

1 다음 빈칸에 들어갈 알맞은 말을 [보기] 중에서 골라 히라가나로 써보세요.

> から　でした　まで　じゃ なかった　なんじ

❶ 今（　　　　　　　　）ですか。

❷ ぎんこうは　9時（　　　　　　　　）5時（　　　　　　　　）です。

❸ 昨日は　水曜日（　　　　　　　　）。

❹ いいえ、水曜日（　　　　　　　　　　　　）です。

2 다음 밑줄 친 현재 표현을 과거 표현으로 바꾸어 써 보세요.

❶ 昨日は　土曜日です。 → ＿＿＿＿＿＿＿＿＿＿＿。

❷ それは　でんしゃです。 → ＿＿＿＿＿＿＿＿＿＿＿。

❸ 火曜日じゃ　ないです。 → ＿＿＿＿＿＿＿＿＿＿＿。

3 다음 밑줄 친 부분의 우리말 의미에 해당하는 일본어를 써보세요.

❶ ＿＿＿＿＿＿　＿＿＿＿＿＿ですか。
　　　　지금　　　　　　　몇 시

❷ かいぎは　＿＿＿＿＿＿　12時＿＿＿＿＿　です。
　　　　　　　　10시부터　　　　　　　　까지

❸ ＿＿＿＿＿＿は　木曜日＿＿＿＿＿＿＿＿＿。
　　어제　　　　　　　　　　가 아니었습니다

1 다음 빈칸에 들어갈 알맞은 단어를 ①~④ 중에서 골라보세요.

① 今、 [4시] です。

　① よんじ　　② よじ　　③ しじ　　④ よんし

② [은행] は 何時から 何時までですか。

　① ぎんこ　　② きんこう　　③ きんごう　　④ ぎんこう

2 ＿＿＿★＿＿에 들어갈 알맞은 말을 ①~④ 중에서 골라보세요.

① ぎんこうは ＿＿＿ ＿＿＿ ＿＿＿ ＿★＿ですか。

　① から　　② まで　　③ 5時　　④ 9時

② ＿＿＿、＿★＿ ＿＿＿ ＿＿＿です。

　① いいえ　　② じゃ　　③ 水曜日　　④ なかった

3 잘 듣고 B의 대답으로 알맞은 것을 ①~③ 중에서 골라보세요.　🎧MP3 09-3

① A すみません、今 何時ですか。

　B ①　　　　②　　　　③

② A 昨日は 水曜日でしたね。

　B ①　　　　②　　　　③

コンビニ 편의점
콤 비 니

🎧MP3 10-1

편의점이 영어로 convenient store(컨비니언트 스토어)라서, 일본어로는 단어를 줄여서 「コンビニ」라고 부릅니다. 일본 3대 편의점 브랜드는 로손(LAWSON), 세븐일레븐, 패밀리마트입니다. 우리나라처럼 브랜드마다 특색이 다르니 일본에 간다면 편의점 투어를 해보는 것도 추천해요!

トイレ 화장실
토 이 레

우리나라 편의점과 매우 큰 차이점 중 하나가 바로 '화장실'이 있다는 것입니다. 일본 편의점 화장실은 누구나 이용 가능하니, 여행 중에 볼일이 급해지면 편의점을 찾아보세요!

レジ 계산대, 카운터
레 지

옛날에 불렸던 금전 등록기(cash register, 캐쉬 레지스터)에서 유래하여, 일본에서는 줄임말로 계산대를 「レジ」라고 부릅니다. 마트나 백화점, 식당 등에서도 자주 보게 될 단어이니 알아두시면 좋습니다. 겨울철 일본 여행을 간다면 계산대 앞에서 팔고 있는 오뎅도 한번 드셔보세요!

おにぎり 주먹밥
오 니 기 리

일본식 주먹밥을 「おにぎり」라고 합니다. 편의점에 가면 정말 많은 종류의 「おにぎり」를 볼 수 있는데요. 인기가 많은 순서로는 연어(鮭), 명란(明太子), 매실절임(梅干し)이 있습니다. 우리나라에서도 인기 많은 참치마요는 일본어로 「ツナマヨ」라고 합니다. 지역 특산물에 따라 해당 지역의 오니기리 판매 순위가 바뀌기도 하니, 여행 가는 지역의 특산물이 뭔지 알아두는 것도 유용하겠네요!

おでん 어묵
오 뎅

일본 편의점의 별미 중 하나가 바로 おでん입니다. 겨울철이 되면 계산대 근처에서 볼 수 있어요. 종류가 다양하고 개당 100엔 언저리의 가격대로 구성되어 있습니다. 담아갈 그릇 크기도 고를 수 있어요. 하나씩 직접 골라 나만의 어묵 세트를 만들어 즐겨보세요!

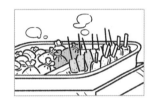

カップラーメン 컵라면
캅 뿌 라 - 멘

우리나라 컵라면과는 완전히 다른 일본 컵라면! 소바, 우동, 야끼소바 등 이색적인 컵라면도 만나볼 수 있습니다. 닛신 UFO, 잇페이짱 야끼소바(一平ちゃん焼きそば), 닛신 컵 누들(カップヌードル), 마루짱(マルちゃん) 시리즈, 닛신 돈베(どん兵衛) 시리즈 등이 유명합니다.

弁当 도시락
벤 토

우리나라 편의점보다 종류가 훨씬 다양해서 고르는 재미가 있습니다. 여행 중 숙소에서 야식으로 먹기에도 딱이에요! 참고로 기차역에서 판매하는 도시락이라는 뜻으로 「駅弁」, '에키벤'이라는 것이 있어요. 일본에서 기차여행을 한다면 역에서 판매하는 「駅弁」은 꼭 드셔보시길 바랍니다.

A レジ袋 ご利用ですか。

(MP3 10-2)

비닐봉지 이용하시겠습니까?

B いいえ、利用しません。

아니요. 이용하지 않겠습니다.

상대방에게 말할 때 한자로 된 명사 앞에 ご를 붙여서 말하면 상대방을 높여 말하는 게 됩니다. 관습적인 표현인 경우도 있지만, 기본적으로 「ご+한자」는 상대방을 높여 쓰는 존경어 중 하나예요. 점원은 손님을 높여서 대하기 때문에 「ご+한자」를 많이 사용합니다.

일본은 포장 제품이 발달하고 남에게 물건을 포장해서 주는 것이 몸에 배어 있는 나라여서, 편의점에서 산 물건도 기본적으로 비닐봉지에 담겨 받습니다. 비닐봉지가 필요 없다면 「レジ袋は 大丈夫です。(비닐봉지는 괜찮습니다.)」,「レジ袋は 要りません。(비닐봉지 필요 없어요.)」이라고 점원에게 먼저 말하셔도 됩니다.

A ポイントカードは お持ちですか。

포인트카드 있으세요?

B いいえ、ありません。

아니요, 없습니다.

일본도 우리나라처럼 편의점 브랜드마다 멤버십이 있습니다. 내외국인 상관없이 편의점 점원은 매뉴얼에 따라 멤버십에 가입되어 있는지를 기본적으로 물어볼 거예요. 당황하지 마시고 「ポイントカード(포인또 카-도)」라는 단어를 들으면 '없다'는 손 제스처만 하셔도 충분합니다. 방금 위에서 배웠던 「ご+한자」 말고도 「お」를 단어 앞에 붙여서 상대방을 높이는 경우도 있습니다. 이 표현도 관습적으로 쓰이면서 아예 굳어버린 경우가 많은데요, 적당히 쓰면 예의 있고 교양적인 사람으로 보이게 합니다. 식당에서 물을 달라고 할 때도 「水」 대신 「お水」라고 하면 좀 더 예의 바르게 요청하는 느낌을 줍니다.

단어 **レジ袋** 비닐봉투 | **利用** 이용 | **ポイントカード** 포인트카드 | **持つ** 가지다

A お弁当は 温めますか。

도시락은 데우시겠습니까?

B はい、温めます。

네, 데우겠습니다.

도시락은 일본 편의점의 즐길거리 중 하나입니다. 메뉴나 크기도 다양해서 무얼 먹을지 고르는 재미가 쏠쏠해요. 우리나라 편의점에는 전자렌지가 따로 비치되어 있어서 본인이 직접 돌려 먹을 수 있는데, 일본 편의점은 점원이 일하는 곳 뒤편에 있는 경우가 많습니다. 그래서 점원이 데워드릴지 물어보거나 손님이 점원에게 데워달라고 요청해야 합니다.

전자렌지 조리가 다 끝나면 소리가 울리잖아요? 그걸 일본에서는 「ちん(칭)」이라고 합니다. 거기에 「する(~하다)」를 붙여서 「ちんする」라고 하면 음식을 전자렌지에 돌린다는 뜻으로 쓰인답니다. 참 재미있죠? 점원에게 「ちんして ください。」라고 하면 '전자렌지에 돌려주세요'가 됩니다.

단어 お弁当 도시락 | 温める 데우다

Day 11

い형용사 기본형

~하다
~い
이

~한
~い + 명사
이

🎧MP3 11-1

〜い ~하다 / 〜いです ~합니다

일본어 형용사는 2가지 종류가 있는데, 어미가 어떻냐에 따라 나뉘어요. 우선 い형용사부터 배워볼게요. い형용사의 기본형은 「〜い(~하다)」입니다. 뒤에 「〜です(~입니다)」를 붙이면 정중한 긍정 표현도 됩니다. 기본형만 있으면 반말로 '즐거워', '멋있어' 등 '~해'로 말할 수 있습니다.

あかい
빨갛다

あおい
파랗다

たのしい
즐겁다

おもしろい
재미있다

わるい + です = わるいです
나쁘다　　~입니다　　나쁩니다

〜い + 명사 ~한 명사

い형용사의 기본형 뒤에 명사가 붙으면 '~한 명사'라는 뜻이 됩니다. 어미가 바뀌지 않고 기본형에 명사만 붙여주면 되니, 아주 쉬워요!

あかい りんご
빨간　　사과

たのしい 旅行
즐거운　　여행

りんごは あかい
사과는　　빨갛다

旅行は たのしい
여행은　　즐겁다

단어 　旅行 여행

1 보기 문장을 참고해서 바꾸어 말해보세요.　　🎧 MP3 11-2

日本語<ruby>に<rt></rt></ruby><ruby>ほん<rt></rt></ruby><ruby>ご<rt></rt></ruby>は たのしいです。　일본어는 즐겁습니다.

① テスト ― むずかしい　　테스트 – 어렵다

② 映画<ruby>えい<rt></rt></ruby><ruby>が<rt></rt></ruby> ― おもしろい　　영화 – 재미있다

③ かばん ― きいろい　　가방 – 노랗다

④ あの 人<ruby>ひと<rt></rt></ruby> ― かっこいい　　그 사람 – 멋있다

2 보기 문장을 참고해서 바꾸어 말해보세요.　　🎧 MP3 11-3

たのしい 日本語<ruby>に<rt></rt></ruby><ruby>ほん<rt></rt></ruby><ruby>ご<rt></rt></ruby>　즐거운 일본어

① テスト ― むずかしい

② 映画<ruby>えい<rt></rt></ruby><ruby>が<rt></rt></ruby> ― おもしろい

③ かばん ― きいろい

④ あの 人<ruby>ひと<rt></rt></ruby> ― かっこいい

단어　映画<ruby>えい<rt></rt></ruby><ruby>が<rt></rt></ruby> 영화

1 다음 빈칸에 들어갈 알맞은 말을 [보기] 중에서 골라 히라가나로 써보세요.

> あおい　たのしい　わるい　きいろい　あかい

❶ りんごは ☐☐☐です。　사과는 빨갛습니다.

❷ あの 人は ☐☐☐です。　저 사람은 나쁘다.

❸ ☐☐☐☐ 旅行。　즐거운 여행.

❹ 空が ☐☐☐です。　하늘이 파랗습니다.

2 다음 밑줄 친 부분의 우리말 의미에 해당하는 일본어를 써보세요.

❶ あの かばんは ＿＿＿＿＿＿＿＿＿。

　　　　　　　　노랗습니다

❷ あの 人、＿＿＿＿＿＿＿＿＿。

　　　　　　멋있어

❸ 旅行は ＿＿＿＿＿＿＿＿＿。

　　　　즐겁다

단어 空 하늘

3 아래 단어를 바르게 연결해보세요.

즐겁다　●　　　　　　　●　かっこいい

빨갛다　●　　　　　　　●　たのしい

멋있다　●　　　　　　　●　旅行
　　　　　　　　　　　　りょ こう

여행　●　　　　　　　●　おもしろい

어렵다　●　　　　　　　●　映画
　　　　　　　　　　　　えい が

재미있다　●　　　　　　　●　あおい

영화　●　　　　　　　●　あかい

파랗다　●　　　　　　　●　むずかしい

4 다음 문장을 따라 써보세요.

❶ 日本語は たのしいです。
　　に ほん ご

_____。

❷ あの 人は かっこいい。
　　　 ひと

_____。

❸ テストが むずかしいです。

_____。

❹ 旅行は たのしい。
　　りょ こう

_____。

5 다음 문장을 일본어로 써보세요.

❶ 하늘이 파랗습니다.

_____。

❷ 재미있는 일본어

_____。

❸ 그 가방은 빨갛습니다.

_____。

Day 12

い형용사 부정형

~하지 않다

～く ない
쿠 나 이

~하지 않습니다

～く ないです
쿠 나 이 데 스

🎧 MP3 12-1

〜く ない ~하지 않다

い형용사의 부정형은 어미 「い」를 없애고 「〜く ない」를 붙이면 됩니다. 이것도 회화에서 반말로 '~하지 않아'로 쓸 수 있습니다.

この 水は つめたく ない。 물은 차갑지 않다.

この コートは ながく ない。 이 코트는 길지 않아.

〜く ないです ~하지 않습니다

방금 배운 「〜く ない」에 「です」를 붙인 표현입니다. 바로 눈치채셨나요? 반말을 존댓말로 바꾸어주는 마법의 です! '~하지 않습니다'라는 뜻이 됩니다. 좀 더 정중한 표현으로는 「〜く ありません」이 있습니다.

この 水は つめたく ないです。 물은 차갑지 않습니다.

この コートは ながく ないです。 이 코트는 길지 않습니다.

더보기 **い형용사 어간 + く**

い형용사의 어미 「い」를 없애고 「く」를 붙이면 '~하게'라는 뜻의 부사가 됩니다.

たかい 높다 → たかく 높게, 높이

はやい 빠르다 → はやく 빠르게, 빨리

단어 つめたい 차갑다 | ながい 길다 | たかい 높다 | はやい 빠르다

1 보기 문장을 참고해서 바꾸어 말해보세요. 🎧 MP3 12-2

> 今日は さむく ない。 오늘은 춥지 않다.
> きょう

① かばん ― おもい 가방 – 무겁다

② 日本語 ― むずかしい 일본어 – 어렵다
   にほんご

③ 映画 ― おもしろい 영화 – 재미있다
   えいが

④ あの 人 ― わるい 그 사람 – 나쁘다
       ひと

2 보기 문장을 참고해서 바꾸어 말해보세요. 🎧 MP3 12-3

> 今日は さむく ないです。 오늘은 춥지 않습니다.
> きょう

① あれ ― おいしい 저것 – 맛있다

② 荷物 ― かるい 짐 – 가볍다
   にもつ

③ バナナ ― あかい 바나나 – 빨갛다

④ 今 ― いそがしい 지금 – 바쁘다
   いま

1 다음 빈칸에 들어갈 알맞은 말을 [보기] 중에서 골라 히라가나로 써보세요.

> いそがしく　つめたく　おもく　たかく　コート

❶ 今日は □□□□□ ないです。　오늘은 바쁘지 않습니다.

❷ かばんは □□□ ないです。　가방은 무겁지 않아.

❸ この □□□は ながく ないです。　이 코트는 길지 않습니다.

❹ この みずは □□□□ ないです。　이 물은 차갑지 않습니다.

2 다음 밑줄 친 부분의 우리말 의미에 해당하는 일본어를 써보세요.

❶ あれは ＿＿＿＿＿＿＿ ＿＿＿＿＿＿＿＿。
　　　　　맛있지　　　　　　　　않습니다

❷ 日本語は ＿＿＿＿＿＿＿ ないです。
　　　　　　어렵지

❸ バナナは ＿＿＿＿＿＿＿ ＿＿＿＿＿＿＿＿。
　　　　　빨갛지　　　　　　　　않습니다

3   아래 단어를 바르게 연결해보세요.

짐 ●	● ながい
맛있다 ●	● つめたい
바쁘다 ●	● いそがしい
차갑다 ●	● 今 _{いま}
어렵다 ●	● おいしい
길다 ●	● むずかしい
～하지 않다 ●	● ～く　ない
지금 ●	● 荷物 _{に もつ}

4 다음 문장을 따라 써보세요.

① 今は いそがしく ないです。

_____。

② この コートは ながく ないです。

_____。

③ バナナは あかく ない。

_____。

④ あの 人は わるく ない。

_____。

5 다음 문장을 일본어로 써보세요.

① 일본어는 어렵지 않아.

_____。

② 저것은 맛있지 않아.

_____。

③ 이 물은 차갑지 않습니다.

_____。

い형용사 과거형, 과거 부정

~했다(했습니다)
～かった(です)
캇 따 데 스

~하지 　　　않았다(않았습니다)
～く　なかった(です)
쿠 　나 캇 따 데 스

핵심표현

🎧 MP3 13-1

〜かった(です) ~했다(했습니다)

い형용사의 과거 표현은 어미 「い」를 없애고 「〜かった」를 붙입니다. 존댓말로 하려면 그 뒤에 「です」를 붙이면 됩니다. 과거 표현이지만 과거 표현이라고 해서 「〜いでした」 또는 「〜かったでした」로 착각하면 안 됩니다.

あつい 덥다 ⟶ ⭕ あつかったです 더웠습니다

❌ あついでした

❌ あつかったでした

昨日は とても あつかったです。 어제는 매우 더웠습니다.
_{きのう}

〜く なかった(です)
~하지 않았다(않았습니다)

い형용사의 정중한 과거 부정 표현을 만들 때는 어미 「い」를 없애고 「〜く なかったです」를 붙입니다. 이것을 좀 더 정중하게 표현하려면 「なかったです」를 「ありませんでした」로 바꾸면 됩니다.

この パンは おいしく なかったです。
이 빵은 맛있지 않았습니다.

へやは あまり ひろく ありませんでした。
방은 별로 넓지 않았습니다.

단어   あつい 덥다 | パン 빵 | へや 방

1 보기 문장을 참고해서 바꾸어 말해보세요. 🎧 MP3 13-2

> ### すうがくが ほんとうに やさしかったです。
> 수학이 정말로 쉬웠습니다.

① 山^{やま} ー 高^{たか}い

② にわ ー ひろい

③ めがね ー 安^{やす}い

④ ピザ ー おいしい

2 보기 문장을 참고해서 바꾸어 말해보세요. 🎧 MP3 13-3

> ### ぜんかいより ぜんぜん むずかしく なかったです。
> 지난번보다 전혀 어렵지 않았습니다.

① 昨日^{きのう} ー あつい

② ここ ー ひろい

③ この まんが ー おもしろい

④ その いちご ー 甘^{あま}い

단어 **すうがく** 수학 | **ほんとうに** 정말로 | **山^{やま}** 산 | **高^{たか}い** 높다 | **にわ** 정원 | **ひろい** 넓다 | **安^{やす}い** 싸다, 저렴하다 | **ピザ** 피자 | **ぜんかい** 지난번 | **〜より** 〜보다 | **ぜんぜん** 전혀 | **甘^{あま}** 달다

연습문제

1 잘 듣고 B의 대답으로 알맞은 것을 ①~③ 중에서 골라보세요. 🎧 MP3 13-4

　❶ **A** あの パンは おいしかったですか。

　　B ① 　　　　　　　② 　　　　　　　③

　❷ **A** 昨日は あつかったですか。

　　B ① 　　　　　　　② 　　　　　　　③

2 다음 밑줄 친 부분의 우리말 의미에 해당하는 일본어를 써보세요.

　❶ あの 山は ＿＿＿＿＿＿＿ ありませんでした。
　　　　　　　　　　　　높지

　❷ その いちごは ＿＿＿＿＿＿＿＿＿。
　　　　　　　　　　　　　달았습니다

　❸ 昨日は ＿＿＿＿＿＿＿ あつかったです。
　　　　　　　　　　정말로

3 아래 단어를 바르게 연결해보세요.

물 ● ● ほんとうに

오늘 ● ● 今日^{きょう}

높다 ● ● へや

정말로 ● ● 甘^{あま}い

맛있다 ● ● あつい

달다 ● ● 水^{みず}

방 ● ● 高^{たか}い

덥다 ● ● おいしい

4 다음 문장을 따라 써보세요.

① 昨日(きのう)は とても あつかったです。

_____ 。

② あの 山(やま)は 高(たか)く なかった。

_____ 。

③ ピザが ほんとうに おいしく ありませんでした。

_____ 。

④ この まんがは おもしろかったです。

_____ 。

5 다음 문장을 일본어로 써보세요.

① 어제는 바쁘지 않았습니다.

_____ 。

② 수학이 정말로 쉬웠습니다.

_____ 。

③ 그 딸기는 달았어.

_____ 。

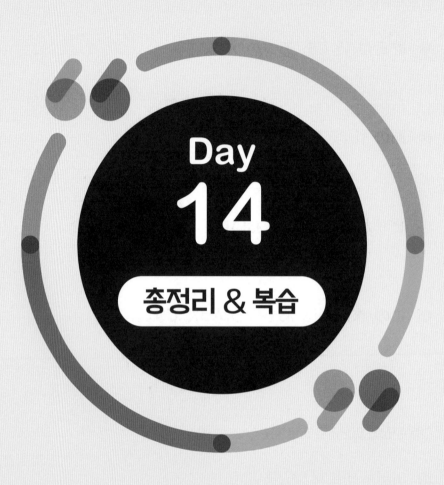

Day

14

총정리 & 복습

い형용사 〜い ~하다

〜いです ~합니다

〜い + 명사 ~한 명사

〜く ない ~하지 않다

〜く ないです ~하지 않습니다

〜かった(です) ~했다(했습니다)

〜く なかった(です)
~하지 않았다(않았습니다)

チョ　今日は とても さむいですね。　　　　🎧MP3 14-1

やすだ　そうですね。風が つよくて さむいです。

でも、昨日ほど さむく ないですね。

チョ　やすださん、昨日の きまつテストは

どうでしたか。

やすだ　いつも むずかしい すうがくが

ほんとうに やさしかったです。

ぜんかいより ぜんぜん むずかしく なかったです。

チョ　ほんとうですか。それは よかったですね。

조	오늘은 매우 춥네요.
야스다	그렇네요. 바람이 강해서 춥습니다.
	그렇지만, 어제만큼 춥지 않군요.
조	야스다 씨, 어제 기말시험은 어땠습니까?
야스다	늘 어렵던 수학이 정말 쉬웠습니다.
	지난번보다 전혀 어렵지 않았습니다.
조	정말입니까? 정말 잘됐네요.

단어　とても 매우 | 風 바람 | つよい 세다. 강하다 | さむい 춥다 | きまつテスト 기말 시험 |
やさしい 쉽다 | よかった 다행이다

でも 그렇지만, 하지만

「でも」의 원래 형태는 「それでも」이며, 앞에 나온 문장과 반대되는 내용을 말하고자 할 때 쓰는 접속사입니다. 회화에서 자주 쓰는 표현으로, 같은 뜻의 접속사로는 「しかし」도 있습니다. 함께 기억해두세요.

～ほど ~만큼

Day 13에서 배운 「～より」는 '～보다'였고, 이번에 배울 표현은 「～ほど」입니다. '～만큼'이라는 뜻인데요. 딱 그만큼, 그 정도, 그쯤을 말할 때 사용합니다. '어제만큼 춥지는 않았습니다'와 같이 주로 뒤에 부정 표현이 같이 오는 경우가 많습니다.

よかったですね 잘됐네요, 좋았겠네요, 다행이네요

이 표현은 상대방의 이야기를 듣고 좋은 결과가 나왔음을 함께 나누고자 할 때 쓰입니다. 참고로 「よかった(좋았다)」는 「よい(좋다)」의 과거 표현이지요. '좋다'라는 뜻의 「いい」는 기본형으로만 쓰이기 때문에 활용할 때에는 반드시 「よい」를 써서 「よくない」, 「よかった」 등이 됩니다.

	앞에서 배운 표현이에요	
Day 11	さむい	춥다 (い형용사)
Day 12	～く ない	～하지 않다 (い형용사 부정)
Day 13	～かったです	～했습니다 (い형용사 과거)
Day 13	～くなかったです	～하지 않았습니다 (い형용사 과거 부정)

1 다음 빈칸에 들어갈 알맞은 말을 [보기] 중에서 골라 히라가나로 써보세요.

> さむく ない　むずかしく　つよくて　やさしかった

① 風が (　　　　　　　　　) さむいです。

② 昨日ほど (　　　　　　　　)です。

③ すうがくが ほんとうに (　　　　　　　　)です。

2 다음 밑줄 친 현재 표현을 과거 표현으로 바꾸어 써보세요.

① かばんが おもいです。 → _____

② 水が つめたいです。 → _____

③ くつが やすいです。 → _____

3 다음 밑줄 친 부분의 우리말 의미에 해당하는 일본어를 써보세요.

① _____は _____ さむいですね。
　　　　　오늘　　　　　　　매우

② 昨日_____ _____ ないです。
　　　　　만큼　　　　　　덥지

③ ぜんかいより _____ むずかしく _____。
　　　　　　　전혀　　　　　　　　　　　　않았습니다

118

1 다음 빈칸에 들어갈 알맞은 단어를 ①~④ 중에서 골라보세요.

① 　바람　 が つよくて さむいです。

① がぜ 　　　② かぜ 　　　③ かせ 　　　④ がせ

② ぜんかいより 　전혀　 むずかしく なかったです。

① せんせん 　② ぜんせん 　③ ぜんぜん 　④ せんぜん

2 ＿＿＿★＿＿＿에 들어갈 알맞은 말을 ①~④ 중에서 골라보세요.

① ＿＿＿＿、＿★＿＿＿ ＿＿＿＿ ＿＿＿＿ないです。

① でも 　　　② ほど 　　　③ さむく 　　　④ きのう

② 昨日(きのう) ＿＿＿＿ ＿＿＿＿ ＿＿＿＿ ＿★＿ です。

① なかった 　② あつく 　　③ より 　　　④ ぜんぜん

3 잘 듣고 B의 대답으로 알맞은 것을 ①~③ 중에서 골라보세요.　　[🎧 MP3 14-2]

① A きょうは とても さむいですね。

B ① 　　　　　　② 　　　　　　③

② A きのうの きまつテストは どうでしたか。

B ① 　　　　　　② 　　　　　　③

Day 15

な 형용사 기본형

な형용사 ＋ だ
～하다
다

～な ＋ 명사
～한
나

(MP3 15-1)

な형용사 + だ ~하다

な형용사의 기본형은 「〜だ(~하다)」입니다. 보통 な형용사는 한자어 뒤에 「だ」가 붙는 형태가 많아서 명사와 구별이 어려운데, 「〜だ」가 '~이다'로 해석되면 앞에 붙은 것이 명사이고, '~하다'로 해석되면 な형용사가 됩니다.

な형용사	あんぜんだ	しんせつだ	べんりだ
~하다	안전하다	친절하다	편리하다
명사	ほんだ	はなだ	せんせいだ
~이다	책이다	꽃이다	선생님이다

〜な + 명사 ~한 + 명사

な형용사가 명사 앞에서 명사를 꾸며줄 때는 어미 「だ」를 없애고 「な」를 붙입니다. 이렇게 「な」로 바뀌는 형태에서 'な형용사'라는 이름이 붙여졌어요.

すきだ ＋ ひと ＝ すきな ひと
좋아하다　　　사람　　　　좋아하는　사람

あんぜんだ ＋ ところ ＝ あんぜんな ところ
안전하다　　　　　곳　　　　　안전한　　　곳

단어 ところ 곳

1 보기 문장을 참고해서 바꾸어 말해보세요. 　🎧 MP3 15-2

> ### いちばん すきな 外国語<ruby>がい</ruby><ruby>こく</ruby><ruby>ご</ruby>は なんですか。
>
> 가장 좋아하는 외국어는 무엇입니까?

❶ すてきだ － 服<ruby>ふく</ruby>　　　　　멋있다 － 옷

❷ すきだ － スポーツ　　　　좋아하다 － 스포츠

❸ きらいだ － 色<ruby>いろ</ruby>　　　　　싫어하다 － 색

❹ べんりだ － もの　　　　　편리하다 － 물건

2 보기 문장을 참고해서 바꾸어 말해보세요. 　🎧 MP3 15-3

> ### とても すきな 人<ruby>ひと</ruby>です。 매우 좋아하는 사람입니다.

❶ すてきだ － 服<ruby>ふく</ruby>　　　　　멋있다 － 옷

❷ あんぜんだ － ところ　　안전하다 － 장소

❸ きらいだ － 色<ruby>いろ</ruby>　　　　　싫어하다 － 색

❹ べんりだ － もの　　　　　편리하다 － 물건

단어　**外国語**<ruby>がい</ruby><ruby>こく</ruby><ruby>ご</ruby> 외국어

연습문제

1 단어 뜻을 보고 명사와 な형용사 주머니에 맞춰 넣어보세요.

> すてきだ　　きらいだ　あんぜんだ　はなだ
> せんせいだ　べんりだ　しんせつだ　ほんだ

명사

な형용사

2 다음 빈칸에 들어갈 알맞은 말을 [보기] 중에서 골라 히라가나로 써보세요.

> すきな　あんぜん　しんせつ　じょうず　べんり

① 一番 〔　〕〔　〕〔　〕色は 青です。　가장 좋아하는 색은 파랑입니다.

② あの 人は とても 〔　〕〔　〕〔　〕〔　〕だ。　그 사람은 매우 친절하다.

③ あそこは 〔　〕〔　〕〔　〕〔　〕な ところだ。　저곳은 안전한 곳이다.

④ スマホは とても 〔　〕〔　〕〔　〕な ものです。

스마트폰은 매우 편리한 물건입니다.

단어 **青** 파랑 | **あそこ** 저곳 | **スマホ** 스마트폰(スマートフォン의 줄임말)

Day
16

な형용사 정중형, 부정형

~합니다

な형용사 + です
데　스

~하지 않습니다

な형용사 + じゃ ないです
쟈　　나이데스

(🎧 MP3 16-1)

な형용사 + です ~합니다

な형용사의 정중한 긍정 표현은 명사의 정중한 긍정 표현을 만드는 형태와 똑같습니다. 즉, 어미 「だ」를 없애고 「です」를 붙입니다. 이때 해석은 '~합니다'라고 합니다.

ゆうめいです　すてきです　きれいです
유명합니다　　　　　멋집니다　　　　예쁩니다/깨끗합니다

> **더보기** 「~です」 앞에 「ん」을 붙인 「~んです」는 「~のです」의 회화체 표현으로 '~한 것입니다, ~하거든요' 등으로 해석됩니다. 말하는 사람이 자신의 생각을 강하게 주장할 때나 어떤 일의 이유에 대해 설명할 때 쓰입니다. 동사와 い형용사 뒤에는 「~んです」가 바로 연결되지만, 명사와 な형용사(어간)의 경우는 「な」를 추가하여 「~なんです」로 연결되므로 「~んです」를 쓸 때는 앞에 오는 품사의 종류를 확인해야 합니다.

この　お菓子は　とても　おいしいんです。
이 과자는 매우 맛있는 것입니다.

あの　人は　すてきなんです。그 사람은 멋있거든요.

～じゃ ないです
~하지 않습니다

な형용사의 정중한 부정 표현 역시 명사의 정중한 부정 표현을 만드는 형태와 같습니다. 즉, 정중한 긍정 표현인 「~です」 대신에 「~じゃ ないです」를 붙이면 됩니다.

ここは　しずかじゃ　ないです。여기는 조용하지 않습니다.
彼女は　しんせつじゃ　ないです。그녀는 친절하지 않습니다.

> **단어** お菓子 과자 ┃ しずかだ 조용하다

～が すきです
~을/를 좋아합니다

な형용사 중에서 아래의 4가지 な형용사는 목적어 뒤에 올 때 「～を(~을/를)」를 쓰지 않고 「～が(~이/가)」를 써야 합니다. 예외적인 경우이므로 잘 기억해두세요.

～が すきです ～를 좋아합니다	**～が きらいです** ～를 싫어합니다
～が じょうずです ～를 잘합니다	**～が へたです** ～를 못합니다

うたが すきです。 노래를 좋아합니다.

ピーマンが きらいです。 피망을 싫어합니다.

日本語が じょうずです。 일본어를 잘합니다.

中国語が へたです。 중국어를 못합니다.

단어　うた 노래 ｜ ピーマン 피망 ｜ 中国語 중국어

126

1 보기 문장을 참고해서 바꾸어 말해보세요. 🎧MP3 16-2

> 英語は あまり すきじゃ ないです。
>
> 영어는 별로 좋아하지 않습니다.

① あの 人 ― ゆうめいだ

② へや ― きれいだ

③ 街 ― あんぜんだ

④ カメラ ― ひつようだ

2 보기 문장을 참고해서 바꾸어 말해보세요. 🎧MP3 16-3

> ねこが いちばん すきです。　고양이를 가장 좋아합니다.

① 公園 ― しずかだ

② うた ― へただ

③ あの ひと ― じょうずだ

④ 運動 ― きらいだ

단어　英語 영어 | 街 거리 | あまり 별로, 그다지 | カメラ 카메라 | ひつようだ 필요하다 |
公園 공원 | 運動 운동

1 다음 빈칸에 들어갈 알맞은 말을 [보기] 중에서 골라 히라가나로 써보세요.

> ゆうめい　です　すき　じょうず　きらい

① あの 人は ☐☐☐☐です。　저 사람은 유명합니다.

② この 服は すてき☐☐。　이 옷은 멋있습니다.

③ 私は 夏が ☐☐☐です。　저는 여름을 싫어합니다.

④ あなたが ☐☐です。　당신을 좋아합니다.

2 잘 듣고 B의 대답으로 알맞은 것을 ①~③ 중에서 골라보세요.　🎧 MP3 16-4

① A 何が いちばん すきですか。

　 B ①　　　　　②　　　　　③

② A あの へやは きれいですか。

　 B ①　　　　　②　　　　　③

단어 夏 여름

128

3 다음 문장을 따라 써보세요.

❶ ピアノが じょうずです。

_____ 。

❷ 日本語が すきなんです。
  に ほん ご

_____ 。

❸ ここは しずかじゃ ないです。

_____ 。

❹ 私は 夏が きらいです。
  わたし　 なつ

_____ 。

4 다음 문장을 일본어로 써보세요.

❶ 노래를 좋아합니다.

_____ 。

❷ 저 사람은 유명합니다.

_____ 。

❸ 저는 고양이를 가장 좋아합니다.

_____ 。

Day
17

な 형용사 과거형, 과거 부정

~했다 ~했습니다
～だった，～でした
닷 따 데시따

~하지 않았다(않았습니다)
～じゃ なかった(です)
쟈 나 캇 따 데 스

🎧 MP3 17-1

な형용사 + だった ~했다
な형용사 + でした ~했습니다

な형용사의 정중한 과거 표현 역시 명사의 정중한 과거 표현을 만드는 방법과 똑같습니다. 현재를 나타내는 정중한 긍정 표현인 「~です」 대신 「~でした」를 붙이면 됩니다.

ここの 交通は ふべんだった。 이곳의 교통은 불편했다.

ここの 交通は ふべんでした。 이곳의 교통은 불편했습니다.

街は とても きれいだった。 거리는 매우 깨끗했다.

街は とても きれいでした。 거리는 매우 깨끗했습니다.

~じゃ なかった ~하지 않았다
~じゃ なかったです
~하지 않았습니다

정중한 과거 부정 표현도 「~じゃ なかったです」 또는 「~じゃ ありませんでした」를 씁니다.

そこは あんぜんじゃ なかった。 그곳은 안전하지 않았다.

そこは あんぜんじゃ なかったです。 그곳은 안전하지 않았습니다.

そこは あんぜんじゃ ありませんでした。 그곳은 안전하지 않았습니다.

단어 交通 교통

1 보기 문장을 참고해서 바꾸어 말해보세요. 🎧MP3 17-2

> あの 街は きれいだった。　그 거리는 깨끗했다.

① ルート ― ふくざつだ　　　루트 – 복잡하다

② あの 人 ― ハンサムだ　　　그 사람 – 잘생기다(핸섬하다)

③ もんだい ― かんたんだ　　　문제 – 간단하다

④ この ブランド ― 有名だ　　　이 브랜드 – 유명하다

2 보기 문장을 참고해서 바꾸어 말해보세요. 🎧MP3 17-3

> あの 街は きれいじゃ なかった。　그 거리는 깨끗하지 않았다.

① ルート ― ふくざつだ

② あの 人 ― ハンサムだ

③ もんだい ― かんたんだ

④ この ブランド ― 有名だ

3 보기 문장을 참고해서 바꾸어 말해보세요.   🎧 MP3 17-4

> ### あの 街は きれいでした。　その거리는 깨끗했습니다.

① 彼女 ― しあわせだ　　그녀 – 행복하다

② これ 以上 ― むりだ　　이 이상 – 무리다

③ あの 学生 ― げんきだ　　그 학생 – 건강하다

④ スーツ ― すてきだ　　양복 – 근사하다, 멋지다

4 보기 문장을 참고해서 바꾸어 말해보세요.   🎧 MP3 17-5

> ### あの 街は きれいじゃ なかったです。
> 　　그 거리는 깨끗하지 않았습니다.

① 彼女 ― しあわせだ

② これ 以上 ― むりだ

③ あの 学生 ― げんきだ

④ スーツ ― すてきだ

단어　以上 이상

1 다음 빈칸에 들어갈 알맞은 말을 [보기] 중에서 골라 히라가나로 써보세요.

> ないです　だった　あまり　なかった　きれい

① ダンスが　とくいじゃ □□□□ です。　춤이 특기가 아니었습니다.

② 日曜日は ひま□□□。　일요일은 한가했다.

③ あの 街は □□□ だった。　그 마을은 깨끗했다.

④ あの ブランドは □□□ 有名じゃ ありませんでした。
　이 브랜드는 별로 유명하지 않았습니다.

2 다음 밑줄 친 부분의 우리말 의미에 해당하는 일본어를 써보세요.

① あれは ＿＿＿＿＿ ＿＿＿＿＿＿。
　　　　　　맛있지　　　　　　　　않습니다

② 日本語は ＿＿＿＿＿ ないです。
　　　　　　어렵지

③ バナナは ＿＿＿＿＿ ＿＿＿＿＿＿。
　　　　　　빨갛지　　　　　　　　않습니다

단어　とくいだ 잘하다 | ブランド 브랜드 | バナナ 바나나

3 다음 문장을 따라 써보세요.

① 街は とても きれいだった。
　まち

_____。

② あの 人は ハンサムでした。

_____。

③ この ブランドは 有名じゃ ありませんでした。
　　　　　　　　　　　　　ゆうめい

_____。

④ 日曜日は ひまでした。
　にちよう び

_____。

4 다음 문장을 일본어로 써보세요.

① 이곳의 교통은 불편했다.

_____。

② 그곳은 안전하지 않았다.

_____。

③ 문제는 간단하지 않았습니다.

_____。

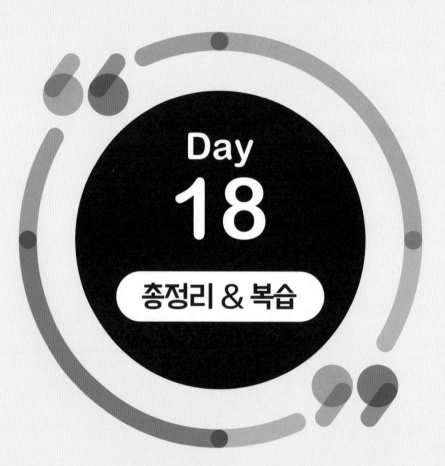

Day
18

총정리 & 복습

な형용사 + だ ~하다

~な + 명사 ~한 + 명사

な형용사 + です ~합니다

~じゃ ないです ~하지 않습니다

~が すきです ~을/를 좋아합니다

な형용사 + だった ~했다
な형용사 + でした ~했습니다

~じゃ なかった ~하지 않았다
~じゃ なかったです ~하지 않았습니다

🎧 MP3 18-1

イ　　　　たなかさん、

一番(いちばん) すきな 外国語(がいこくご)は 何(なん)ですか。

たなか　　私(わたし)は 中国語(ちゅうごくご)が 一番(いちばん) すきです。

イ　　　　それじゃ、英語(えいご)も すきですか。

たなか　　いいえ、英語(えいご)は あまり すきじゃ ないです。

イ　　　　そうですか。私(わたし)は 子供(こども)の ときから

英語(えいご)より 日本語(にほんご)の ほうが すきでした。

たなか　　だから、イさんは 日本語(にほんご)が

とても じょうずなんですね。

イ　　　　いいえ、まだまだです。

이	다나카 씨, 가장 좋아하는 외국어는 무엇입니까?
다나카	저는 중국어를 가장 좋아합니다.
이	그렇다면, 영어도 좋아합니까?
다나카	아니요, 영어는 별로 좋아하지 않습니다.
이	그렇군요. 저는 어렸을 때부터
	영어보다 일본어 쪽을 (더) 좋아했습니다.
다나카	그래서, 이 씨는 일본어를 매우 잘하는군요.
이	아니요, 아직 멀었습니다.

단어　子供(こども) 아이, 어린이

一番 가장, 제일

원래 「いちばん」은 '1번'이라는 순서를 나타내는 명사인데, 이 말이 형용사나 동사 앞에서 부사로 쓰일 때는 '가장, 제일'이라는 뜻이 됩니다.

 子供の ときから 어렸을 때부터

주로 과거 시점의 때나 시기를 뜻하는 명사 뒤에 연결되는 「～の とき」는 '～이었을 때'와 같이 과거 시점으로 해석합니다. 이 표현 뒤에 이어지는 문장도 과거형으로 나타냅니다. 참고로 「とき」 대신에 「ころ」를 쓰는 경우도 많습니다.

「～から」는 '～부터'라는 뜻으로 Day 07에서 배운 표현입니다. 추가로 문장 끝에 쓰이면 '～이기 때문에'라는 이유를 설명하는 뜻으로 사용되기도 합니다.

 まだまだです 아직 멀었습니다

이 표현은 상대방으로부터 무언가 칭찬을 받고 그것에 겸손하게 대답하고자 할 때 씁니다. 원래 「まだ」는 '아직'이라는 뜻의 부사인데 이것을 반복해서 '아직도 멀었다, 한참 모자라다' 등을 나타내는 말로 쓰입니다.

🎵 **앞에서 배운 표현이에요**

Day 15	**すきな** 좋아하는 (な형용사 + 명사)
Day 16	**～が すきです** ～을/를 좋아합니다
Day 16	**な형용사 + じゃ ないです** ～하지 않습니다
Day 17	**な형용사 + でした** ～했습니다
Day 16	**～が じょうずです** ～을/를 잘합니다

1 다음 빈칸에 들어갈 알맞은 말을 [보기] 중에서 골라 히라가나로 써보세요.

> すきでした　すきです　すきじゃ ない　すきな

① 一番（　　　　　　　　　）外国語は 何ですか。

② 中国語が 一番（　　　　　　　　　）。

③ 英語は あまり（　　　　　　　　　）です。

④ 子供の ときから 英語より 日本語の ほうが（　　　　　　　　　）。

2 다음 밑줄 친 현재 표현을 과거 표현으로 바꾸어 써 보세요.

① へやは きれいです。→ _____

② 彼は しんせつです。→ _____

③ あの 人は 有名です。→ _____

3 다음 밑줄 친 부분의 우리말 의미에 해당하는 일본어를 써보세요.

① _____ _____ スポーツは なんですか。

　　가장　　　　좋아하는

② 中国語_____ 一番 _____。

　　　　　　를　　　　　　　　　　잘합니다

③ 運動は _____ すきじゃ _____。

　　　　별로　　　　　　　　　　　　　않습니다

1 다음 빈칸에 들어갈 알맞은 단어를 ①~④ 중에서 골라보세요.

❶ 가장, 제일 すきな 外国語は 何ですか。

① いじばん   ② いちぱん   ③ いちはん   ④ いちばん

❷ 영어 は あまり すきじゃ ないです。

① えいこ   ② えいご   ③ えいごう   ④ えいこう

2 _____★_____에 들어갈 알맞은 말을 ①~④ 중에서 골라보세요.

❶ 私は _____ _____ _____ ____★____です。

① 中国語   ② すき   ③ が   ④ 一番

❷ 日本語 ___★___ えいご _____ _____ _____。

① ほうが   ② すきでした ③ の   ④ より

3 잘 듣고 B의 대답으로 알맞은 것을 ①~③ 중에서 골라보세요. 🎧 MP3 18-2

❶ A 一番 すきな 外国語は 何ですか。

B ①   ②   ③

❷ A それじゃ、英語も すきですか。

B ①   ②   ③

Day
19

숫자 세기

한 개　　　　두 개
ひとつ, ふたつ, …

한 명　　　　두 명
ひとり, ふたり, …

MP3 19-1

사물의 개수 세기

사물의 개수를 세는 표현, 즉 '하나, 둘, 셋……' 또는 '한 개, 두 개, 세 개……'의 표현은 상당히 외우기 어렵고 까다롭습니다. 가장 기본적인 한 개부터 열 개까지의 수를 읽는 법을 아래 표에서 배워 봅시다.

한 개, 하나	두 개, 둘	세 개, 셋	네 개, 넷	다섯 개, 다섯
ひとつ	ふたつ	みっつ	よっつ	いつつ

여섯 개, 여섯	일곱 개, 일곱	여덟 개, 여덟	아홉 개, 아홉	열 개, 열
むっつ	ななつ	やっつ	ここのつ	とお

'열 개, 열'은 「つ」를 붙이지 않고 「とお」라고만 읽으므로 틀리지 않도록 주의하세요!
사물의 개수를 물어볼 때 쓰는 표현인 '몇 개'는 「いくつ」라고 합니다.
뒤에 「～ですか(입니까?)」 또는 「ありますか(있습니까?)」를 붙여서 쓰면 됩니다.

A　みかんは　いくつですか。 귤은 몇 개입니까?

B　みかんは　よっつです。 귤은 네 개입니다.

A　おもちゃは　いくつ　ありますか。 장난감은 몇 개 있습니까?

B　おもちゃは　ふたつ　あります。 장난감은 두 개 있습니다.

단어　みかん 귤 | おもちゃ 장난감

사람의 인원 수 세기

사람의 인원 수를 세는 표현, 즉 '한 명, 두 명…' 또는 '한 사람, 두 사람…'은 인원 수에 해당하는 숫자 뒤에 「にん(人)」을 붙여서 읽습니다.
그런데 이 규칙을 따르지 않고 예외로 독특하게 읽는 경우가 2개 있습니다. 바로 '한 명'과 '두 명'이지요. '한 명'은 「ひとり」라고 읽고 '두 명'은 「ふたり」라고 읽어야 합니다. 또한, '네 명'은 숫자 4를 「し・よん」이 아닌 「よ」로 읽어야 한다는 점에 주의하세요.

한 명	두 명	세 명	네 명	다섯 명
ひとり	ふたり	さん にん	よ にん	ご にん
1人	2人	3人	4人	5人

여섯 명	일곱 명	여덟 명	아홉 명	열 명
ろく にん	しち にん	はち にん	きゅう にん	じゅう にん
6人	7人	8人	9人	10人

사람의 인원 수를 물어볼 때 쓰는 표현인 '몇 명'은 「何人」이라고 합니다.
보통 문맥에 따라 뒤에 「ですか(입니까?)」 또는 「いますか(있습니까?)」를 붙여서 쓰지요.
우리말로 '~명'이라고 해도 일본어로는 「名」을 쓰지 않고 「人」을 써야 합니다.

A 子供は 何人ですか。 아이는 몇 명입니까?

B ふたりです。 두 명입니다.

A 今 せいとは 何人 いますか。 지금 학생은 몇 명 있습니까?

B よにん います。 네 명 있습니다.

단어 せいと 학생

1 사물의 개수를 일본어로 세어보세요.

❶

(   )

❷

(   )

❸

(   )

❹

(   )

2 인원 수를 일본어로 세어보세요.

❶

(   )

❷

(   )

❸

(   )

❹

(   )

地下鉄 지하철
<small>ち か てつ</small>

우리나라에서는 보통 지하철이라고 부르는데, 일본에서는 지하철
(地下鉄)이라고도 하지만 전차(電車)라는 단어를 더 많이 씁니다.
도쿄나 오사카는 지하철 노선 종류도 굉장히 많고 각 노선마다 운
행하는 회사도 달라서 환승법이 매우 복잡한 편이에요.

改札口 개찰구
<small>かい さつ ぐち</small>

보통 개찰구 근처에는 역무원이 있어서 가는 방법이나 교통 패스
를 문의하면 관련 안내를 받으실 수 있습니다.

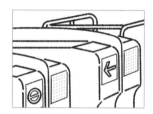

急行 급행
<small>きゅう こう</small>

우리나라 서울 지하철 9호선에도 보통과 급행이 있잖아요. 일본 전
차에도 보통(普通)과 급행(急行), 특급(特急) 등 종류가 다양해요.
전광판에 'Exp.'라고 적혀 있는 경우도 있습니다.

つり革 손잡이
<small>かわ</small>

일본에도 버스나 지하철에 손잡이(つり革)가 있어요. '매달다'라는
뜻을 지닌 「つる」의 변형인 「つり」와 '가죽'을 뜻하는 「革」가 합해진
단어입니다.

切符、チケット 표, 티켓

きっぷ

개찰구 근처 티켓발매기에서 일회용 티켓을 쉽게 구매할 수 있습니다. 언어로 한국어, 영어 등도 지원됩니다. 현지인이라면 보통은 일회용 티켓을 발급받지 않고 우리나라처럼 IC카드를 접촉해서 대중교통을 이용하는데요. 전용 교통카드인 Suica나 PASMO 등은 선불충전식으로 쓸 수 있고 편의점 같은 다른 점포에서도 사용이 가능해요.

路線図 노선도

ろせんず

도쿄와 오사카 지하철 노선도는 굉장히 복잡합니다. 지하철만 있는 게 아니라 JR이나 다른 노선이 함께 있거든요. 도쿄 지하철의 경우 알파벳 대표 글자를 따서 긴자선은 G, 신주쿠선은 S, 아사쿠사선은 A 등으로 표기되어 있습니다. 역마다 라인 컬러, 노선 기호, 역 번호가 정해져 있습니다. 아래에 실제 도쿄 노선도를 가져와봤어요. 엄청 복잡하죠?

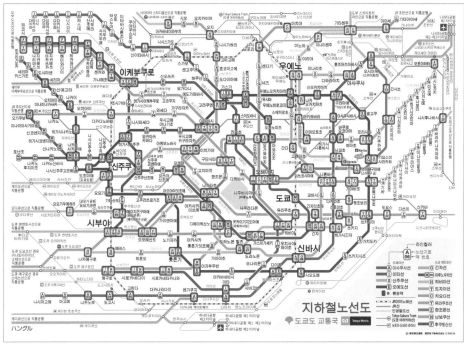

출처: 도쿄메트로 공식홈페이지(https://www.tokyometro.jp/)

🎧 MP3 20-2

A 目黒駅は どう やって 行きますか。

메구로역은 어떻게 가나요?

B 山手線に 乗って 行けます。

야마노테선을 타서 갈 수 있습니다.

「どう」는 '어떻게'라는 뜻이에요. 「行きます」는 '갑니다'라는 뜻이고, 「行けます」는 '갈 수 있습니다'라는 뜻이에요. 동사에 대해서는 DAY 21부터 배우게 될 거예요! 山手線(야마노테선)은 보통 우리나라 서울 지하철 2호선과 비슷하다고들 해요. 순환노선이고 핵심 번화가를 지나간다는 점이 매우 닮았습니다. 하지만 야마노테선은 2호선과 달리 지하철이 아닌 JR 일반 전철이고, 모든 구간이 지상을 달립니다. 메구로는 예쁜 카페나 맛집이 많기로 유명하고, 봄철에는 벚꽃길로도 매우 유명합니다.

A どこで 銀座線に 乗り換え できますか。

어디서 긴자선으로 환승할 수 있나요?

B 次の 駅です。

다음 역입니다.

일본에 여행 가면 매우 실수하기 좋은 乗り換え! 우리나라 말로는 '환승'이라고 하는데요. 우리나라 대중교통 못지 않게 일본의 대중교통도 매우 복잡해서 환승 역이나 방향을 조심해야 합니다. 「次の 駅です。」는 줄여서 「次です。」(다음입니다.)라고만 말해도 문맥상 '다음 역입니다'라는 뜻이 됩니다.

단어   どう 어떻게 | 乗る 타다 | 行く 가다 | 乗り換え 환승 | 次 다음

A とうきょう メトロ 24時間券は どこで 買えますか。

도쿄 메트로 24시간권은 어디서 살 수 있나요?

B あそこの チケット発売機で 買えます。

저기 티켓 발매기에서 할 수 있습니다.

「どこで」는 '어디'를 뜻하는 「どこ」와 '~에서'를 뜻하는 「で」가 합쳐진 표현입니다. 육하원칙을 일본어로 알아볼까요? いつ(언제), どこで(어디서), だれと(누구와), なにを(무엇을), どう(어떻게), なぜ(왜)입니다. 「~と(~와/과)」와 「~を(~을/를)」는 Day 02에서 배웠었지요!

도쿄에는 지하철 운영 회사가 크게는 2가지로 나뉩니다. 하나는 도쿄 메트로, 다른 하나는 도에이인데요. 그중 도쿄 메트로 라인을 하루종일 무제한으로 탈 수 있는 '東京 メトロ 24時間券'라는 패스권이 있습니다. 이 밖에도 패스 종류가 다양하니 행선지에 잘 맞추어 패스를 구매하면 좀 더 알뜰한 여행이 가능하답니다.

단어 **時間** 시간 | **買** 사다 | **チケット** 티켓, 표

Day
21

동사 ある&いる, 동사의 종류

(사물이) 있다, 있습니다
ある, あります

(사람, 동물이) 있다, 있습니다
いる, います

🎧 MP3 21-1

ある, あります
(사물이) 있다, 있습니다

「ある」는 살아 움직이지 않는 것, 즉 사물이 '있다'라는 뜻으로 쓰이는 동사입니다. 부정 표현인 '없다'는 「ない」라고 하는데, 아래 표를 보면서 활용형을 배워 봅시다. 「ある」는 사물의 존재뿐만 아니라 식물(꽃, 나무 등)의 존재를 말할 때도 쓰여요.

사물	있다 ある	있습니다 あります
	없다 ない	없습니다 ありません

A 日本語の 本が ありますか。 일본어 책이 있습니까?

B はい、あります。/ いいえ、ありません。 네, 있습니다. / 아니요, 없습니다.

いる, います
(사람, 동물이) 있다, 있습니다

「いる」는 살아 움직이는 것, 즉 사람이나 동물이 '있다'라는 뜻으로 쓰이는 동사입니다. 부정 표현인 '없다'는 「いない」라고 합니다.

사람, 동물	있다 いる	있습니다 います
	없다 いない	없습니다 いません

A 教室に 学生が いますか。 교실에 학생이 있습니까?

B はい、います。/ いいえ、いません。 네, 있습니다. / 아니요, 없습니다.

단어 教室 교실

동사의 종류

일본어 동사의 특징은 어미가 반드시 'う단 음(う·く(ぐ)·す·つ·ぬ·ぶ·む·る)'이라는 점입니다. 동사의 종류는 세 가지가 있습니다.

1그룹 동사	어미가 'あ단 · い단 · う단 · え단 · お단'의 5개 단에 모두 걸쳐 활용하는 동사. 2그룹과 3그룹을 제외한 나머지
2그룹 동사	어미가 'い' 또는 'え'의 단에서만 활용하는 동사. い단+る, え단+る
3그룹 동사	「する(하다)」와 「くる(오다)」의 단 두 개뿐인 불규칙 동사. 활용이 불규칙이라 무조건 외워야 합니다.

1그룹 동사

어미가 「る」가 아닌 'う단 음'인 경우

동사의 어미가 「る」가 아닌 나머지 'う단 음(う·く(ぐ)·す·つ·ぬ·ぶ·む)'인 경우는 무조건 1그룹 동사입니다. 아래와 같이 어미가 「る」가 아닌 う단 음은 총 8가지입니다.

~う u	~く ku	~ぐ gu	~す su
会^あう	書^かく	泳^{およ}ぐ	話^{はな}す
만나다	쓰다	수영하다	이야기하다

~つ tsu	~ぬ nu	~ぶ bu	~む mu
立^たつ	死^しぬ	遊^{あそ}ぶ	飲^のむ
일어서다	죽다	놀다	마시다

1그룹 동사

어미가 「る」인 경우

동사의 어미가 「る」일 때는 어미인 「る」의 앞 글자가 '아단 음·우단 음·오단 음'인 경우에만
1그룹 동사가 됩니다. 더 쉽게 말하면 2그룹 동사가 아닌 나머지 あ·う·お단 + る 동사들이에요.
아래의 표를 보면서 배워봅시다.

아단 + る	上がる(あがる)	올라가다
	終わる(おわる)	끝나다
우단 + る	作る(つくる)	만들다
	売る(うる)	팔다
오단 + る	起こる(おこる)	일어나다
	取る(とる)	잡다, 쥐다

ある	みる	うる	ねる	とる
(있다)	(보다)	(팔다)	(자다)	(잡다)
↓	↓	↓	↓	↓
1그룹 동사	2그룹 동사	1그룹 동사	2그룹 동사	1그룹 동사
[あ단+る]	[い단+る]	[う단+る]	[え단+る]	[お단+る]

2그룹 동사

어미의 앞 글자가 い단 또는 え단이며, 무조건 어미가 「る」로 끝납니다. 동사의 어미가 「る」이면 앞 글자가 'い단'인지 'え단'인지 보고 2그룹 동사인지 아닌지 판단해서 더 쉽고 빠르게 동사를 활용할 수 있습니다.

い단 + る	^お起<u>き</u>る(お<u>き</u>る)	일어나다
	^き着る(<u>き</u>る)	(옷을) 입다
え단 + る	^す捨<u>て</u>る(す<u>て</u>る)	버리다
	^で出る(<u>で</u>る)	나오다, 나가다

3그룹 동사

3그룹 동사는 「する(하다)」와 「くる(오다)」뿐입니다. 앞에서 배운 1그룹 동사와 2그룹 동사와는 다르게 어미의 활용 규칙이 전혀 적용되지 않는 동사로 '불규칙 동사'라고도 해요.

する 하다	来 오다
^{うん どう}運動を する。 운동을 하다.	^{かん こく}韓国に 来る。 한국에 오다.
^{かい ぎ}会議を する。 회의를 하다.	^{とも}友だちが 来る。 친구가 오다.

참고로 「한자어 + を する(~을 하다)」의 형태는 목적격 조사인 「を」를 빼고 「한자어 + する」의 형태로 줄여서 나타내는 경우도 많습니다.

^{べん きょう}勉強を する ⇒ 勉強する
공부를 하다　　　　공부하다

^{うん どう}運動を する ⇒ 運動する
운동을 하다　　　　운동하다

단어　^{かい ぎ}会議 회의 | ^{べん きょう}勉強 공부

～の なかに ～(의) 안에

위치를 나타내는 표현은 주로 명사 뒤에 「の」를 붙인 후에 씁니다. 위치를 나타내는 표현 뒤에는 조사 「に」가 쓰이는데, 이것은 '~에'라고 해석합니다.

위	앞	안, 속
<ruby>上<rt>うえ</rt></ruby>	<ruby>前<rt>まえ</rt></ruby>	<ruby>中<rt>なか</rt></ruby>
↕	↕	↕
아래	뒤	겉, 바깥
<ruby>下<rt>した</rt></ruby>	<ruby>後<rt>うし</rt></ruby>ろ	<ruby>外<rt>そと</rt></ruby>

かばんは つくえの 下に あります。

가방은 책상 아래에 있습니다.

人形は テレビの 前に あります。

인형은 텔레비전 앞에 있습니다.

단어 つくえ 책상 | 人形 인형

1 보기 문장을 참고해서 바꾸어 말해보세요. 🎧 MP3 21-2

> **りんごが ひとつ あります。** 사과가 한 개 있습니다.

① はこ ― ふたつ

② お菓子_{かし} ― みっつ

③ いちご ― いつつ

④ いす ― とお

2 보기 문장을 참고해서 바꾸어 말해보세요. 🎧 MP3 21-3

> **さとうさんは きょうだいが いますか。**
>
> 사토 씨는 형제가 있습니까?

① 子供_{こども}

② ペット

③ 彼氏_{かれし}

④ 日本人_{にほんじん}の 友_{とも}だち

단어 **はこ** 상자 | **いす** 의자 | **ペット** 펫, 반려동물

3 보기 문장을 참고해서 바꾸어 말해보세요. 🎧 MP3 21-4

> あに
> **兄が ひとり います。** 형이 한 명 있습니다.

❶ いもうと **妹** ― ふたり

❷ おとうと **弟** ― さんにん

❸ むすこ **息子** ― ふたり

❹ むすめ **娘** ― よにん

4 보기 문장을 참고해서 바꾸어 말해보세요. 🎧 MP3 21-5

> なか
> **コーラは クーラーボックスの 中に あります。**
>
> 콜라는 아이스박스(의) 안에 있습니다.

❶ でん わ まえ **電話** ― **前**

❷ うえ **いす** ― **上**

❸ した **テーブル** ― **下**

❹ うし **パン** ― **後ろ**

단어 | あに 兄 형 | いもうと 妹 여동생 | おとうと 弟 남동생 | むす こ 息子 아들 | むすめ 娘 딸 | コーラ 콜라 | クーラーボックス 아이스박스 | でん わ 電話 전화 | テーブル 테이블

1 단어를 보고 몇 그룹 동사인지 분류하고, 어간과 어미를 로마자로 써보세요.

단어	뜻	그룹	어간 + 어미
いく	가다	1	i + ku
みる	보다	2	mi + ru
すわる	앉다		
きる	입다		
する	하다		
のむ	마시다		
きく	듣다		
およぐ	헤엄치다		
運動^{うんどう}する	운동하다		
かく	쓰다		
たつ	서다		
あがる	올라가다		

160

단어	뜻	그룹	어간 + 어미
ねる	자다		
あう	만나다		
はなす	말하다, 이야기하다		
つくる	만들다		
くる	오다		
よぶ	부르다		
おわる	끝나다		
あそぶ	놀다		
まつ	기다리다		
よむ	읽다		
だす	내다, 내놓다		
えらぶ	고르다		

동사 활용 ます형(~합니다)

~합니다

～ます

1그룹 동사의 **ます**형

1그룹 동사에 「ます」를 연결하려면, 어미 '**う단**'을 '**い단**'으로 바꾼 후에 「ます」를 붙이면 됩니다.

어미가 る가 아닌 1그룹 동사	会_あう 만나다	⇒	会_あいます 만납니다
	書_かく 쓰다	⇒	書_かきます 씁니다
	立_たつ 일어서다	⇒	立_たちます 일어섭니다
	遊_{あそ}ぶ 놀다	⇒	遊_{あそ}びます 놉니다

어미가 る인 1그룹 동사	〈あ단 + る〉 上_あがる 올라가다	⇒	上_あがります 올라갑니다
	〈う단 + る〉 作_{つく}る 만들다	⇒	作_{つく}ります 만듭니다
	〈お단 + る〉 取_とる 잡다	⇒	取_とります 잡습니다

2그룹 동사의 ます형

2그룹 동사의 ます형은 어미 「る」를 뺀 어간 부분을 가리킵니다. 2그룹 동사에 「ます」를 연결하려면, 어미 「る」를 없애고 바로 뒤에 「ます」를 붙이면 됩니다.

어미 「る」 앞이 い단인 2그룹 동사	<ruby>見<rt>み</rt></ruby>る 보다	⇒	<ruby>見<rt>み</rt></ruby>ます 봅니다
	<ruby>着<rt>き</rt></ruby>る 입다	⇒	<ruby>着<rt>き</rt></ruby>ます 입습니다
	<ruby>落<rt>お</rt></ruby>ちる 떨어지다	⇒	<ruby>落<rt>お</rt></ruby>ちます 떨어집니다
어미 「る」 앞이 え단인 2그룹 동사	<ruby>食<rt>た</rt></ruby>べる 먹다	⇒	<ruby>食<rt>た</rt></ruby>べます 먹습니다
	<ruby>寝<rt>ね</rt></ruby>る 자다	⇒	<ruby>寝<rt>ね</rt></ruby>ます 잡니다
	<ruby>上<rt>あ</rt></ruby>げる 올리다	⇒	<ruby>上<rt>あ</rt></ruby>げます 올립니다

3그룹 동사의 ます형

3그룹 동사인 「する(하다)」와 「くる(오다)」는 다른 동사와는 다르게 불규칙동사이므로, 있는 그대로 외워야 합니다.

$$する ⇒ \underline{し}ます$$
하다   합니다

$$\overset{く}{来}る ⇒ \overset{き}{来}ます$$
오다   옵니다

 한 번 더 눈에 담는 동사 단어표

会う 만나다	書く 쓰다	立つ 서다
遊ぶ 놀다	作る 만들다	取る 잡다
見る 보다	着る 입다	食べる 먹다
寝る 자다	行く 가다	する 하다
来る 오다	出る 나오다	置く 두다
止める 그만두다	乗る 타다	降りる 내리다

응용표현

---

1 보기 문장을 참고해서 바꾸어 말해보세요.　　🎧MP3 22-2

> <ruby>毎<rt>まい</rt></ruby><ruby>日<rt>にち</rt></ruby> <ruby>新<rt>しん</rt></ruby><ruby>聞<rt>ぶん</rt></ruby>を よみます。　매일 영자신문을 읽습니다.

① <ruby>漢<rt>かん</rt></ruby><ruby>字<rt>じ</rt></ruby> ─ かく

② <ruby>顔<rt>かお</rt></ruby> ─ あらう

③ ドラマ ─ みる

④ ケーキ ─ つくる

---

2 보기 문장을 참고해서 바꾸어 말해보세요.　　🎧MP3 22-3

> いつも <ruby>朝<rt>あさ</rt></ruby>ごはんを たべますか。　항상 아침밥을 먹습니까?

① <ruby>映<rt>えい</rt></ruby><ruby>画<rt>が</rt></ruby> ─ みる

② シャツ ─ きる

③ <ruby>お金<rt>かね</rt></ruby> ─ ためる

④ サッカー ─ する

단어　<ruby>毎<rt>まい</rt></ruby><ruby>日<rt>にち</rt></ruby> 매일 | <ruby>新<rt>しん</rt></ruby><ruby>聞<rt>ぶん</rt></ruby> 신문 | <ruby>漢<rt>かん</rt></ruby><ruby>字<rt>じ</rt></ruby> 한자 | <ruby>顔<rt>かお</rt></ruby> 얼굴 | ドラマ 드라마 | ケーキ 케이크 |
いつも 항상 | <ruby>朝<rt>あさ</rt></ruby>ごはん 아침밥 | シャツ 셔츠 | <ruby>お金<rt>かね</rt></ruby> 돈 | サッカー 축구

1 다음 빈칸에 들어갈 알맞은 말을 [보기] 중에서 골라 히라가나로 써보세요.

> たべます　かきます　たちます　みます　します

① テレビを □□□。　TV를 봅니다.

② ラーメンを □□□□。　라멘을 먹습니다.

③ 掃除を □□□。　청소를 합니다.

④ ノートに □□□□。　노트에 씁니다.

2 다음 밑줄 친 부분의 우리말 의미에 해당하는 일본어를 써보세요.

① ＿＿＿＿＿＿ 料理を ＿＿＿＿＿＿。
　　　　항상　　　　　　　　만듭니다

② 毎日 ＿＿＿＿＿ を ＿＿＿＿＿。
　　　　아침밥　　　　　먹습니다

③ ＿＿＿＿＿の 勉強を ＿＿＿＿＿。
　　일본어　　　　　　　합니다

단어 　掃除 청소 | ノート 노트 | 料理 요리

3 아래 단어를 바르게 연결해보세요.

모읍니다 •   • 毎日（まいにち）

요리 •   • 映画（えいが）

영화 •   • ためます

놉니다 •   • サッカー

축구 •   • かきます

잡습니다 •   • あそびます

매일 •   • 料理（りょうり）

씁니다 •   • とります

4 다음 문장을 따라 써보세요.

❶ 漢字を かきます。
　　かん　じ

_____。

❷ ドラマを みます。

_____。

❸ シャツを きます。

_____。

❹ 毎日 新聞を よみます。
　　まいにち　しんぶん

_____。

5 다음 문장을 일본어로 써보세요.

❶ 영화를 봅니다.

_____。

❷ 요리를 만듭니다.

_____。

❸ 매일 아침밥을 먹습니다.

_____。

Day 23

동사 활용 부정형 (~하지 않습니다)

~하지 않습니다
～ません

~하지 않는다
～ない

🎧 MP3 23-1

～ません ~하지 않습니다

동사의 정중한 긍정 표현인 「～ます(~합니다)」의 형태를 부정 표현으로 만들려면, 「ます」를 없애고 「～ません」을 붙이면 됩니다. 「～ます」와 「～ません」 역시 의문문을 만들려면 뒤에 「か」만 붙이면 됩니다.

1그룹 동사	어미가 る가 아닌 경우				
	書く 쓰다	⇒	書きます 씁니다	⇒	書きません 쓰지 않습니다
	어미가 る인 경우				
	作る 만들다	⇒	作ります 만듭니다	⇒	作りません 만들지 않습니다
2그룹 동사	어미 る 앞의 글자가 い단인 경우				
	見る 보다	⇒	見ます 봅니다	⇒	見ません 보지 않습니다
	어미 る 앞의 글자가 え단인 경우				
	食べる 먹다	⇒	食べます 먹습니다	⇒	食べません 먹지 않습니다
3그룹 동사	する 하다	⇒	します 합니다	⇒	しません 하지 않습니다
	来る 오다	⇒	来ます 옵니다	⇒	来ません 오지 않습니다

1그룹 동사의 ない형

1그룹 동사에 「ない」를 연결하려면, 어미 'う단'을 'あ단'으로 바꾼 후에 「ない」를 붙이면 됩니다.

어미가 る가 아닌 1그룹 동사	会う 만나다	⇒	会わない 만나지 않는다	어미가 「う」인 경우는 「あ」가 아닌 「わ」로 바꾼 후에 「ない」를 연결해야 합니다.

어미가 る가 아닌 1그룹 동사

会う ⇒ 会わない
만나다 → 만나지 않는다

> 어미가 「う」인 경우는 「あ」가 아닌 「わ」로 바꾼 후에 「ない」를 연결해야 합니다.

書く ⇒ 書かない
쓰다 → 쓰지 않는다

立つ ⇒ 立たない
일어서다 → 일어서지 않는다

遊ぶ ⇒ 遊ばない
놀다 → 놀지 않는다

読む ⇒ 読まない
읽다 → 읽지 않는다

어미가 る인 1그룹 동사

〈あ단 + る〉

上がる ⇒ 上がらない
올라가다 → 올라가지 않는다

〈う단 + る〉

作る ⇒ 作らない
만들다 → 만들지 않는다

〈お단 + る〉

取る ⇒ 取らない
잡다 → 잡지 않는다

2그룹 동사의 ない형

2그룹 동사에 「ない」를 연결하려면, 어미 「る」를 없애고 바로 뒤에 「ない」를 붙이면 됩니다.

어미 「る」 앞이 い단인 2그룹 동사	見る 보다	⇒	見ない 보지 않는다
	着る 입다	⇒	着ない 입지 않는다
	落ちる 떨어지다	⇒	落ちない 떨어지지 않는다
어미 「る」 앞이 え단인 2그룹 동사	食べる 먹다	⇒	食べない 먹지 않는다
	寝る 자다	⇒	寝ない 자지 않는다
	上げる 올리다	⇒	上げない 올리지 않는다

3그룹 동사의 ない형

3그룹 동사인 「する(하다)」와 「くる(오다)」는 불규칙동사이므로, 기본형에 「ない」를 연결한 형태를 있는 그대로 외워야 합니다.

する ⇒ しない
하다　　　하지 않는다

来る ⇒ こない
오다　　　오지 않는다

「くる(来る)」의 ない형을 「きない」로 잘못 읽지 않도록 주의하세요.

---

1 보기 문장을 참고해서 바꾸어 말해보세요.　　🎧 MP3 23-2

> 朝ごはんは ほとんど 食べません。
>
> 아침밥은 거의 먹지 않습니다.

❶ 音楽 ― きく

❷ 雪 ― ふる

❸ 中国語 ― わかる

❹ 旅行 ― する

---

2 보기 문장을 참고해서 바꾸어 말해보세요.　　🎧 MP3 23-3

> 私は 魚を 食べない。　나는 생선을 먹지 않는다.

❶ ドラマ ― 見る

❷ スカート ― はく

❸ 車 ― 買う

❹ ぼうし ― かぶる

단어 　ほとんど 거의 | 音楽 음악 | 雪 눈 | 魚 생선 | スカート 스커트, 치마 | 車 자동차

174

1 다음 빈칸에 들어갈 알맞은 말을 [보기] 중에서 골라 히라가나로 써보세요.

> みません　あわない　ふらない　かいません　かきません

❶ あの 人^{ひと}には ☐☐☐☐。　　그 사람과는 만나지 않는다.

❷ テレビを ☐☐☐☐。　　TV를 보지 않습니다.

❸ 今日^{きょう}も 雪^{ゆき}が ☐☐☐☐。　　오늘도 눈이 내리지 않는다.

❹ 車^{くるま}を ☐☐☐☐☐。　　자동차를 사지 않습니다.

2 다음 밑줄 친 부분의 우리말 의미에 해당하는 일본어를 써보세요.

❶ 音楽^{おんがく}は ほとんど ＿＿＿＿＿＿＿＿＿。

　　　　　　　　　　　듣지 않습니다

❷ ＿＿＿＿＿＿ ぼうしを ＿＿＿＿＿＿＿＿＿。

　　　　저는　　　　　　　　　　쓰지 않습니다

❸ 明日^{あした}までは ドラマを ＿＿＿＿＿＿＿＿＿。

　　　　　　　　　　　보지 않는다

3   아래 단어를 바르게 연결해보세요.

모자   ●   ●   取_とらない

읽지 않는다   ●   ●   スカート

잡지 않는다   ●   ●   ぼうし

사지 않는다   ●   ●   読_よまない

오지 않는다   ●   ●   落_おちない

치마, 스커트   ●   ●   来_こない

하지 않는다   ●   ●   しない

떨어지지 않는다   ●   ●   買_かわない

4 다음 문장을 따라 써보세요.

❶ 今日{きょう}も 雪{ゆき}が ふらない。

_____。

❷ 車{くるま}を 買{か}わない。

_____。

❸ 中国語{ちゅうごくご}は ほとんど わかりません。

_____。

❹ 私{わたし}は 魚{さかな}を 食{た}べません。

_____。

5 다음 문장을 일본어로 써보세요.

❶ 음악을 듣지 않습니다.

_____。

❷ 드라마를 보지 않습니다.

_____。

❸ 아침밥은 거의 먹지 않습니다.

_____。

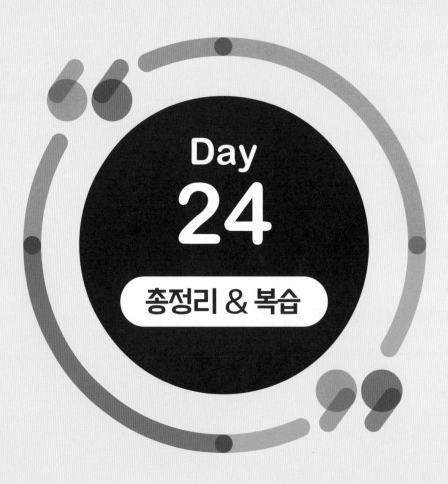

Day

24

총정리 & 복습

ある, あります / いる, います
(사물이 / 사람, 동물이) 있다, 있습니다

동사의 종류
1그룹 동사 / 2그룹 동사 / 3그룹 동사

〜の なかに ~(의) 안에

동사의 ます형
1그룹: 어미 う단 → い단 + ます
2그룹: 어미 る 삭제 + ます
3그룹: します, きます

동사의 ない형
1그룹: 어미 う단 → あ단 + ない
2그룹: 어미 る 삭제 + ない
3그룹: しない, こない

チョ　　あのう、コーラは どこに ありますか。

🎧MP3 24-1

きむら　コーラは クーラーボックスの 中_{なか}に あります。

チョ　　もしかして、ビールも ありますか。

きむら　いいえ、ビールは ありません。

　　　　でも、水_{みず}と りんごが ひとつ あります。

조　　　저기요, 콜라는 어디에 있습니까?

기무라　콜라는 아이스박스(의) 안에 있습니다.

조　　　혹시, 맥주도 있습니까?

기무라　아니요, 맥주는 없습니다.

　　　　하지만, 물과 사과가 하나 있습니다.

단어　ビール 맥주

180

あのう 저기요

말하는 사람이 무언가 말을 꺼내려고 하거나 상대방을 부르는 경우에 쓰는 표현입니다. 또한 다음에 할 말이 딱히 생각나지 않을 때 즉, 하려고 하는 말을 주저하는 경우에도 쓰입니다.

 クーラーボックス 아이스박스

우리나라와 달리 アイスボックス(아이스박스)라고 하지 않고 「クーラーボックス」라고 합니다. 영어 cooler에서 따와서 시원하게 해준다는 의미를 지니고 있습니다. 참고로 '에어컨'은 「クーラー」, '에어컨을 켜다'는 「クーラーを つける」라고 해요.

 もしかして 혹시

하고자 하는 말이 불확실한 경우에 쓰는 접속사입니다. 여기 쓰인 「もし」는 '만약, 만일'이라는 뜻인데, 다른 표현으로 「万が一(まんがいち)」라고도 합니다. 함께 알아두세요.

🎸 **앞에서 배운 표현이에요**

Day 21	**あります** (사물) 있습니다
Day 21	**〜の なかに** 〜의 안에
Day 23	**ありません** (사물) 없습니다
Day 19	**ひとつ** 하나, 한 개

これは 私の 一日の スケジュールです。

MP3 24-2

朝 7時、おきる。→ 顔を あらう。/ 歯を みがく。

→ 朝ごはんを 食べる。→ 午前 8時 30分、会社へ いく。

→ 午後 6時、うちに かえる。

→ テレビを みる。→ 音楽を きく。

→ ペットと あそぶ。→ 部屋の 掃除を する。

→ お風呂に 入る。→ 日記を かく。

→ 夜 10時、ねる。

이것은 저의 하루(의) 스케줄입니다.

아침 7시, 일어난다. → 얼굴을 씻는다. / 이를 닦는다.

→ 아침밥을 먹는다. → 오전 8시 30분 회사에 간다.

→ 오후 6시, 집에 돌아간다.

→ 텔레비전을 본다. → 음악을 듣는다.

→ 반려동물과 논다. → 방(의) 청소를 한다.

→ 목욕을 한다. → 일기를 쓴다.

→ 밤 10시, 잔다.

단어 一日 하루 | スケジュール 스케줄, 일정 | 歯 이 | 会社 회사 | うち 집 | お風呂 욕조 | お風呂に 入る 목욕하다(욕조에 들어가다) | 日記 일기

～へ ~에 (위치 조사)

「へ[he]」가 조사로 쓰일 경우는 [e]라고 읽습니다. 「へ」는 「に」와 마찬가지로 '~에'라는 뜻의 위치나 장소를 나타낼 때 쓰는 조사입니다. 쓰임의 차이가 있지만, 둘의 의미가 같다는 것만 알아도 현재로서는 충분합니다.

 うち 집

'집'이라는 뜻의 단어에는 「いえ」와 「うち」가 있습니다. 먼저 「いえ」는 주거 형태 자체, 즉 영어의 house에 해당하고, 「うち」는 '집'이라는 뜻 외에 '가정'을 뜻하여 영어의 home에 해당합니다.

 お風呂に 入る 목욕하다

원래 「お風呂」는 '욕조'의 뜻이고 「はいる」는 '들어가다'의 뜻이라서 직역하면 '욕조에 들어가다'라는 뜻이지요. 그런데 숙어처럼 쓰이기 때문에 '목욕하다'라고 해석하는 것이 자연스럽습니다.

 앞에서 배운 표현이에요

Day 21	1그룹 동사 う단 어미로 끝나는 동사, 2그룹을 제외한 る로 끝나는 동사
	2그룹 동사 い단 + る, え단 + る
	3그룹 동사 する, くる

1 다음 빈칸에 들어갈 알맞은 말을 [보기] 중에서 골라 히라가나로 써보세요.

> ひとり　あります　いますか　ひとつ

❶ コーラは　クーラーボックスの　中^{なか}に　(　　　　　　　　　)。

❷ りんごが　(　　　　　　　　　) あります。

❸ さとうさんは　兄弟^{きょうだい}が　(　　　　　　　　　)。

2 다음 밑줄 친 동사를 동사 ます으로 바꾸어 써 보세요.

❶ いすの　上^{うえ}に　本^{ほん}が　<u>ある</u>。 → _____

❷ 姉^{あね}が　<u>いる</u>。 → _____

❸ テレビを　<u>みる</u>。 → _____

3 다음 밑줄 친 부분의 우리말 의미에 해당하는 일본어를 써보세요.

❶ 水^{みず}は　クーラーボックスの　_____에　_____。
　　　　　　　　　　　　　　　위　　　　　　　　있습니다

❷ りんごが　_____ あります。
　　　　　두 개

❸ いつも　日記^{にっき}を　_____。
　　　　　　　　　　씁니다

단어 兄弟^{きょうだい} 형제 | 姉^{あね} 언니, 누나

1 다음 빈칸에 들어갈 알맞은 단어를 ①~④ 중에서 골라보세요.

❶ もしかして、 맥주 も ありますか。

　　① ピル　　　② ピール　　③ ビール　　④ ビル

❷ 映画は 거의 みません。

　　① ほとんど　② ほとど　　③ ほどほど　④ ほどんど

2 _____★_____에 들어갈 알맞은 말을 ①~④ 중에서 골라보세요.

❶ さとうさん ___★___ _____ _____ _____か。

　　① が　　　　② は　　　③ 兄弟　　④ います

❷ コーラは クーラーボックス _____ _____ ___★___ ____。

　　① なか　　　② あります　③ の　　　④ に

3 잘 듣고 B의 대답으로 알맞은 것을 ①~③ 중에서 골라보세요.　🎧MP3 24-3

❶ A コーラは どこに ありますか。

　B ①　　　　　　　②　　　　　　　③

❷ A 毎日 音楽を ききますか。

　B ①　　　　　　　②　　　　　　　③

Day 25

동사 활용 과거형(~했습니다)

~했습니다
~ました

~하지 않았습니다
~ませんでした

🎧MP3 25-1

～ました ~했습니다

동사의 정중한 긍정 표현인 「～ます(~합니다)」의 형태를 과거 표현으로 만들려면, 「ます」를 없애고 「ました」를 붙이면 됩니다.

1그룹 동사	어미가 る가 아닌 경우		
	書^かく 쓰다	⇒ 書^かきます 씁니다	⇒ 書^かきました 썼습니다
	어미가 る인 경우		
	作^{つく}る 만들다	⇒ 作^{つく}ります 만듭니다	⇒ 作^{つく}りました 만들었습니다

2그룹 동사	어미 る 앞의 글자가 い단인 경우		
	見^みる 보다	⇒ 見^みます 봅니다	⇒ 見^みました 봤습니다
	어미 る 앞의 글자가 え단인 경우		
	食^たべる 먹다	⇒ 食^たべます 먹습니다	⇒ 食^たべました 먹었습니다

3그룹 동사			
	する 하다	⇒ します 합니다	⇒ しました 했습니다
	来^くる 오다	⇒ 来^きます 옵니다	⇒ 来^きました 왔습니다

～ませんでした
～하지 않았습니다

동사의 과거 부정 표현을 만들려면, 부정 표현인 「ません」 뒤에 「でした」를 붙여서 「～ませんでした(~하지 않았습니다)」로 만들면 됩니다. 맨 뒤에 동사의 과거 표현인 「ました」를 붙이면 안 됩니다.

しません   ⇒   しませんでした
하지 않습니다   하지 않았습니다

見ません   ⇒   見ませんでした
보지 않습니다   보지 않았습니다

書きません   ⇒   書きませんでした
쓰지 않습니다   쓰지 않았습니다

1 보기 문장을 참고해서 바꾸어 말해보세요. 🎧MP3 25-2

> コンビニの レジで はたらき**ました**。
>
> 편의점 계산원으로 일했습니다.

❶ 部屋(へや) ― 電話(でんわ)を かける

❷ カラオケ ― 歌(うた)を 歌(うた)う

❸ 図書館(としょかん) ― 本(ほん)を かりる

❹ キッチン ― スープを 作(つく)る

2 보기 문장을 참고해서 바꾸어 말해보세요. 🎧MP3 25-3

> コンビニの レジで はたらき**ませんでした**。
>
> 편의점 계산원으로 일하지 않았습니다.

❶ 部屋(へや) ― 電話(でんわ)を かける

❷ カラオケ ― 歌(うた)を 歌(うた)う

❸ 図書館(としょかん) ― 本(ほん)を かりる

❹ キッチン ― スープを 作(つく)る

단어 コンビニ 편의점 | レジ 계산대 | はたらく 일하다 | 部屋(へや) 방 | カラオケ 노래방 | 歌(うた) 노래 | 歌(うた)う 노래 부르다 | 図書館(としょかん) 도서관 | キッチン 키친, 부엌 | スープ 수프

1 다음 빈칸에 들어갈 알맞은 말을 [보기] 중에서 골라 히라가나로 써보세요.

> うたいました　でした　ました　かいました　よみました

① 友_{とも}だちと 歌_{うた}を □□□□□□。　　친구와 노래를 불렀습니다.

② スープを つくり□□□。　　수프를 만들었습니다.

③ まだ 電話_{でん わ}を かけません□□□。　　아직 전화를 걸지 않았습니다.

④ 有名_{ゆう めい}な 本_{ほん}を □□□□□。　　유명한 책을 읽었습니다.

2 다음 밑줄 친 부분의 우리말 의미에 해당하는 일본어를 써보세요.

① 好_すきな 色_{いろ}の セーターを ＿＿＿＿＿＿＿＿＿。

　　　　　　　　　　　　　　　샀습니다

② 旅行_{りょ こう}で 大阪_{おお さか}に ＿＿＿＿＿＿＿＿＿。

　　　　　　　　　　　갔습니다

③ 今日_{きょう}は バスに ＿＿＿＿＿＿＿＿＿＿＿＿＿。

　　　　　　　　　　　타지 않았습니다

단어 有名_{ゆう めい}な 유명한 | 好_すきな 좋아하는 | 色_{いろ} 색 | セーター 스웨터 | 大阪_{おお さか} 오사카(일본 지명) |
バス 버스

3 잘 듣고 B의 대답으로 알맞은 것을 ①~③ 중에서 골라보세요. 🎧MP3 25-4

❶ A 昨日、運動を しましたか。
　　きのう　　うんどう

　　B ①　　　　　　　②　　　　　　　③

❷ A 夢を みましたか。
　　ゆめ

　　B ①　　　　　　　②　　　　　　　③

4 다음 밑줄 친 부분의 우리말 의미에 해당하는 일본어를 써보세요.

❶ プレゼントで 靴を ＿＿＿＿＿＿＿＿＿＿。
　　　　　　くつ
　　　　　　　　　　　　샀습니다

❷ 作曲家の ベートーベンは 1827年に ＿＿＿＿＿＿＿＿＿＿。
　　さっきょく か　　　　　　　　　　　ねん
　　　　　　　　　　　　　　　　　　　죽었습니다

❸ あそこでは 料理を ＿＿＿＿＿＿＿＿＿＿＿＿＿。
　　　　　　りょうり
　　　　　　　　　　　　하지 않았습니다

단어 夢 꿈 | プレゼント 선물 | 靴 신발 | 作曲家 작곡가 | ベートーベン 베토벤
　　ゆめ　　　　　　　　　くつ　　　さっきょく か

Day
26

동사 활용 과거형(~했다)

~했다

~た

1그룹 동사의 과거형(た형)

🎧 MP3 26-1

1그룹 동사에 た를 연결할 때는 어미에 따라 「た」의 모양이 달라집니다. 아래와 같이 크게 네가지 규칙에 따라 활용됩니다.

~く ⇒ ~いた ~ぐ ⇒ ~いだ	書く 쓰다 ⇒ 書いた 썼다 脱ぐ 벗다 ⇒ 脱いだ 벗었다	
~す ⇒ ~した	話す 이야기하다 ⇒ 話した 이야기했다	
~う ⇒ ~った ~つ ⇒ ~った ~る ⇒ ~った	会う 만나다 ⇒ 会った 만났다 待つ 기다리다 ⇒ 待った 기다렸다 乗る 타다 ⇒ 乗った 탔다	
~ぬ ⇒ ~んだ ~ぶ ⇒ ~んだ ~む ⇒ ~んだ	死ぬ 죽다 ⇒ 死んだ 죽었다 呼ぶ 부르다 ⇒ 呼んだ 불렀다 飲む 마시다 ⇒ 飲んだ 마셨다	

예외 行く 가다 ⇒ 行った 갔다

「いく」는 어미와 상관없이 무조건 「~った」로 바꾸어 「いった」의 형태로 씁니다.

2그룹 동사의 과거형(た형)

2그룹 동사에 「た」를 연결하려면, 어미 「る」를 없애고 바로 뒤에 「た」를 붙이기만 하면 됩니다.

어미「る」앞이 い단인 2그룹 동사	見^みる 보다	⇒	見^みた 보았다
	着^きる 입다	⇒	着^きた 입었다
어미「る」앞이 え단인 2그룹 동사	食^たべる 먹다	⇒	食^たべた 먹었다
	寝^ねる 자다	⇒	寝^ねた 잤다

3그룹 동사의 과거형(た형)

3그룹 동사인 「する(하다)」와 「くる(오다)」는 불규칙 동사이므로, 각 기본형의 た형을 있는 그대로 외워야 합니다. 「来る」의 た형은 ます형·て형과 마찬가지로 「き」로 바뀌므로 함께 기억하세요.

する ⇒ した
하다 　 했다

来^くる ⇒ 来^きた
오다 　 왔다

1 보기 문장을 참고해서 바꾸어 말해보세요.　🎧MP3 26-2

> <ruby>田<rt>た</rt></ruby><ruby>中<rt>なか</rt></ruby>に <ruby>電<rt>でん</rt></ruby><ruby>話<rt>わ</rt></ruby>した。　다나카에게 전화했다.

① カラオケで <ruby>歌<rt>うた</rt></ruby>を <ruby>歌<rt>うた</rt></ruby>う

② <ruby>彼女<rt>かのじょ</rt></ruby>と <ruby>紅茶<rt>こうちゃ</rt></ruby>を <ruby>飲<rt>の</rt></ruby>む

③ <ruby>先輩<rt>せんぱい</rt></ruby>と <ruby>映画<rt>えいが</rt></ruby>を <ruby>見<rt>み</rt></ruby>る

④ デパートで <ruby>買<rt>か</rt></ruby>い<ruby>物<rt>もの</rt></ruby>を する

2 보기 문장을 참고해서 바꾸어 말해보세요.　🎧MP3 26-3

> <ruby>試合<rt>しあい</rt></ruby>を <ruby>見<rt>み</rt></ruby>たり ゲームを したり した。
>
> 시합을 보기도 하고 게임을 하기도 했다.

① <ruby>音楽<rt>おんがく</rt></ruby>を <ruby>聞<rt>き</rt></ruby>く ― <ruby>本<rt>ほん</rt></ruby>を <ruby>読<rt>よ</rt></ruby>む

② スーパーに <ruby>行<rt>い</rt></ruby>く ― テニスを する

③ メールを <ruby>書<rt>か</rt></ruby>く ― <ruby>電話<rt>でんわ</rt></ruby>を する

단어 <ruby>紅茶<rt>こうちゃ</rt></ruby> 홍차 | <ruby>先輩<rt>せんぱい</rt></ruby> 선배, 선배님 | <ruby>買<rt>か</rt></ruby>い<ruby>物<rt>もの</rt></ruby> 쇼핑 | <ruby>試合<rt>しあい</rt></ruby> 시합 | ゲーム 게임 |
スーパー 수퍼, 마트 | テニス 테니스 | メール 메일

1 다음 빈칸에 들어갈 알맞은 말을 [보기] 중에서 골라 히라가나로 써보세요.

> あそんだ　したり　かいたり　かった　した

① 友_{とも}だちと　ゲームを　□□。　친구와 게임을 했다.

② カラオケで　□□□□。　노래방에서 놀았다.

③ デパートで　服_{ふく}を　□□□。　백화점에서 옷을 샀다.

④ メールを　□□□□、　電話_{でんわ}を　□□□　した。

　　　　　　　　　　　　　　　　　　　　　메일을 쓰거나 전화를 하거나 했다.

2 다음 밑줄 친 부분의 우리말 의미에 해당하는 일본어를 써보세요.

① 久_{ひさ}しぶりに　友_{とも}だちと　コーヒーを　＿＿＿＿＿＿＿＿。

　　　　　　　　　　　　　　　　　　　　　　마셨다

② 日記_{にっき}を　＿＿＿＿＿＿＿＿。

　　　　　　　　썼다

③ 大阪_{おおさか}で　お好_{この}み焼_やきを　＿＿＿＿＿＿＿＿。

　　　　　　　　　　　　　　　　먹었다

단어　服_{ふく} 옷 ｜ 久_{ひさ}しぶり 오랜만 ｜ お好_{この}み焼_やき 오코노미야끼

3 다음 문장을 따라 써보세요.

① 日本語の 勉強を したり 音楽を きいたり した。

　　_____。

② トイレで 手を 洗った。

　　_____。

③ 道で タクシーを ひろった。

　　_____。

④ 日曜日に 彼氏と 山に 登った。

　　_____。

4 다음 문장을 일본어로 써보세요.

① 아침밥을 먹었다.

　　_____。

② 옷을 샀다.

　　_____。

③ 노래방에서 놀았다.

　　_____。

단어 手 손 | 道 길 | タクシー 택시 | タクシーを 拾う 택시를 타다 | 登る 오르다

Day 27

동사 활용
～たい, ～ながら

～하고 싶습니다

동사 ます형 + たいです

～하면서

동사 ます형 + ながら

🎧 MP3 27-1

동사 ます형 + たいです
~하고 싶습니다 (희망, 바람)

「~たい(です)」는 뭔가 하고 싶은 '희망'을 나타낼 때 쓰는 표현으로, 동사의 ます형 뒤에 연결됩니다. 하고 싶은 대상이나 목적을 나타낼 때는 조사 「が」를 쓰는 게 원칙이지만, 요즘에는 「が」와 「を」모두 사용합니다. 조사 「が」는 '~이/가'가 아니라 '~을/를'로 해석하는 것이 좋습니다.

コーヒーが 飲^のみたいです。 커피를 마시고 싶습니다.

日本^{にほん}に 行^いきたいです。 일본에 가고 싶습니다.

동사 ます형 + ながら ~하면서

동사 ます형 뒤에 연결되는 「~ながら」는 어떤 행동이나 동작을 하고 있으면서 동시에 다른 행동이나 동작을 할 때 쓰는 표현입니다. 즉, 두 가지 행동이나 동작을 동시에 하고 있을 때 쓰입니다.

見^みる + 食^たべる

テレビを 見^みながら ごはんを 食^たべます。 텔레비전을 보면서 밥을 먹습니다.

飲^のむ + する

水^{みず}を 飲^のみながら 話^{はなし}を します。 물을 마시면서 이야기를 합니다.

단어 話^{はなし} 이야기

1 보기 문장을 참고해서 바꾸어 말해보세요. 🎧MP3 27-2

> アロハリゾートに 行^いきたいです。
>
> 아로하 리조트에 가고 싶습니다.

① 中国^{ちゅうごく}へ 行^いく

② アニメを 見^みる

③ ケーキを 作^{つく}る

④ 旅行^{りょこう}を する

2 보기 문장을 참고해서 바꾸어 말해보세요. 🎧MP3 27-3

> 家^{いえ}で ごろごろしながら 映画^{えいが}を 見^みます。
>
> 집에서 뒹굴거리면서 영화를 봅니다.

① 本^{ほん}を 読^よむ ― コーヒーを 飲^のむ

② 絵^えを 見^みる ― ごはんを 食^たべる

③ ニュースを 聞^きく ― 勉強^{べんきょう}を する

④ 道^{みち}を 歩^{ある}く ― 話^{はなし}を する

단어 リゾート 리조트 | アニメ 애니메이션 | 家^{いえ} 집 | ごろごろ 뒹굴뒹굴 | 絵^え 그림 |
ニュース 뉴스 | 歩^{ある}く 걷다

연습문제

1 다음 문장을 따라 써보세요.

❶ コーヒーを 飲みたいです。

_____ 。

❷ ニュースを 聞きながら 勉強を します。

_____ 。

❸ アニメを 見ながら ごはんを 食べます。

_____ 。

2 다음 문장을 일본어로 써보세요.

❶ 중국에 가고 싶습니다.

_____ 。

❷ 케이크를 만들고 싶습니다.

_____ 。

❸ 길을 걸으며 이야기를 합니다.

_____ 。

❹ 책을 읽으며 커피를 마십니다.

_____ 。

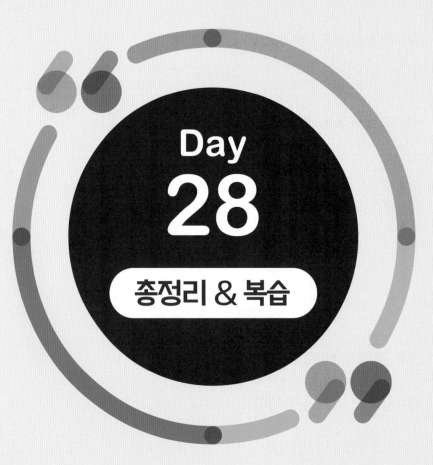

Day
28

총정리 & 복습

~ました ~했습니다

~ませんでした ~하지 않았습니다

동사의 과거형(た형)
1그룹: 어미 단에 따라 いた, した, った, んだ
2그룹: 어미 る 삭제 + た
3그룹: した, きた

동사 ます형 + たいです
~하고 싶습니다 (희망, 바람)

동사 ます형 + ながら ~하면서

やまぐち
山口　金さんは 新聞を 読みますか。　🎧 MP3 28-1

キム
金　はい、毎日 英字新聞を 読みます。

やまぐち
山口　すごいですね。じゃ、朝ごはんは 食べますか。

キム
金　いいえ、朝ごはんは ほとんど 食べません。

朝は コーヒーだけ 飲みます。

야마구찌	김 씨는 신문을 읽습니까?
김	네, 매일 영자신문을 읽습니다.
야마구찌	대단하네요. 그럼, 아침밥은 먹습니까?
김	아니요, 아침밥은 거의 먹지 않습니다.
	아침은 커피만 마십니다.

단어 　英字 영자(영어로 된 글자)

204

毎日 매일

여기에 쓰인 「毎(まい)」는 접두사로 '매~'의 뜻입니다. 주로 뒤에 때를 나타내는 말이 오지요. 예를 들어, 「毎朝(まいあさ・매일 아침)」, 「毎晩(まいばん・매일 밤)」, 「毎週(まいしゅう・매주)」 등이 있습니다. 특히 '매월'은 「毎月(まいつき・まいげつ)」, '매년'은 「毎年(まいとし・まいねん)」과 같이 읽는 방법이 두 가지인 것도 있습니다.

~だけ ~뿐, ~만

「~だけ」는 주로 명사 뒤에 쓰이는 표현으로 '~뿐, ~만'이라는 한정의 뜻을 나타냅니다. 특히 이 말에는 다른 것은 존재하지 않는 '오직 단 한 가지'라는 의미를 가지고 있습니다.

앞에서 배운 표현이에요

Day 22	~ます
Day 23	~ません

1 다음 빈칸에 들어갈 알맞은 말을 [보기] 중에서 골라 히라가나로 써보세요.

> たべません　します　よみます　はたらきました

① 毎日 新聞を （　　　　　　　　）。

② 朝ごはんは ほとんど （　　　　　　　　）。

③ 金さんは バイトを （　　　　　　　　）。　　*バイト 아르바이트
（アルバイト의 약자）

④ コンビニの レジで （　　　　　　　　）。

2 다음 밑줄 친 현재 표현을 과거 표현으로 바꾸어 써 보세요.

① ジュースを のみます。→ ＿＿＿＿＿＿＿＿＿＿

② 韓国に きます。→ ＿＿＿＿＿＿＿＿＿＿

③ 本を かります。→ ＿＿＿＿＿＿＿＿＿＿

3 다음 밑줄 친 부분의 우리말 의미에 해당하는 일본어를 써보세요.

① 毎日 ジュースを ＿＿＿＿＿＿＿。
　　　　　　　　　마십니다

② ＿＿＿＿＿＿＿ 朝ごはんを 食べますか。
　　항상

③ コンビニで ＿＿＿＿＿＿＿を します。
　　　　　　아르바이트

206

1 다음 밑줄 친 부분 중 한자는 히라가나로, 히라가나는 한자로 알맞게 바꾼 것을
① ~ ④ 중에서 골라 보세요.

❶ 毎日 英字新聞を 読みます。

① しんぶん   ② しんむん   ③ じんぶん   ④ じんむん

❷ よる 10時に 寝ます。

① 日   ② 昼   ③ 朝   ④ 夜

2 _____★_____에 들어갈 알맞은 말을 ①~④ 중에서 골라보세요.

❶ いいえ、_____ _____ ★_____ _____。

① ほとんど   ② たべません ③ 朝ごはん   ④ は

❷ 音楽を _____ _____ ★_____ _____した。

① を   ② 聞いたり   ③ 読んだり   ④ 本

3 잘 듣고 B의 대답으로 알맞은 것을 ①~③ 중에서 골라보세요. ⌂MP3 28-2

❶ A 金さんは 新聞を よみますか。

B ①   ②   ③

❷ A 李さんは バイトを しますか。

B ①   ②   ③

Day
29

동사 활용 て형

~하고 있습니다
동사 て형 + て います

~해 주세요
동사 て형 + て ください

1그룹 동사의 て형

1그룹 동사에 「て」를 연결할 때는 어미에 따라 「て」의 모양이 달라집니다. 동사의 て형은 '~하고, ~하여, ~해서'의 뜻으로 해석합니다. 1그룹 동사의 て형은 아래와 같이 크게 4가지 규칙에 따라 활용됩니다.

| ~く ⇒ ~いて
~ぐ ⇒ ~いで | 書^かく 쓰다 ⇒ 書^かいて 쓰고, 써서 |
| | 脱^ぬぐ 벗다 ⇒ 脱^ぬいで 벗고, 벗어서 |

| ~す ⇒ ~して | 話^{はな}す 이야기하다 ⇒ 話^{はな}して 이야기하고, 이야기해서 |

~う ⇒ ~って ~つ ⇒ ~って ~る ⇒ ~って	会^あう 만나다 ⇒ 会^あって 만나고, 만나서
	待^まつ 기다리다 ⇒ 待^まって 기다리고, 기다려서
	乗^のる 타다 ⇒ 乗^のって 타고, 타서

~ぬ ⇒ ~んで ~ぶ ⇒ ~んで ~む ⇒ ~んで	死^しぬ 죽다 ⇒ 死^しんで 죽고, 죽어서
	呼^よぶ 부르다 ⇒ 呼^よんで 부르고, 불러서
	飲^のむ 마시다 ⇒ 飲^のんで 마시고, 마셔서

예외 行^いく 가다 ⇒ 行^いって 가고, 가서

「行く」는 예외적으로 「いって」의 형태로 씁니다.

2그룹 동사의 て형

2그룹 동사에 て를 연결하려면, 어미 「る」를 없애고 바로 뒤에 「て」를 붙이기만 하면 됩니다.

어미 「る」앞이 い단인 2그룹 동사	見^みる 보다	⇒	見^みて 보고, 보아서
	着^きる 입다	⇒	着^きて 입고, 입어서
	落^おちる 떨어지다	⇒	落^おちて 떨어지고, 떨어져서
어미 「る」앞이 え단인 2그룹 동사	食^たべる 먹다	⇒	食^たべて 먹고, 먹어서
	寝^ねる 자다	⇒	寝^ねて 자고, 자서
	上^あげる 올리다	⇒	上^あげて 올리고, 올려서

3그룹 동사의 て형

3그룹 동사인 「する(하다)」와 「くる(오다)」는 불규칙 동사이므로, 각 기본형의 て형을 있는 그대로 외워야 합니다. 「くる(来る)」의 て형은 ます형과 마찬가지로 「き」로 바뀌므로 함께 기억하세요.

する ⇒ して   来^くる ⇒ 来^きて
하다   하고, 해서   오다   오고, 와서

동사 て형 + て います
~하고 있습니다

동사 て형 뒤에 「います」를 연결한 「~て います」의 형태는 '~하고 있습니다'라는 현재 동작의 '진행'을 나타내는 뜻이 됩니다. 참고로 「~て います」는 「~て いる」의 존댓말 표현입니다.

道を 歩いて います。 길을 걷고 있습니다.

今 勉強を して います。 지금 공부를 하고 있습니다.

동사 て형 + て ください
~해 주세요

동사 て형 뒤에 연결되어, 상대방에게 어떤 행동이나 동작을 부탁할 때 씁니다. 하지만 가벼운 명령의 뉘앙스도 들어가 있기 때문에 손윗사람에게는 쓰지 않는 것이 좋습니다.

ここに 名前を 書いて ください。 여기에 이름을 써 주세요.

もう 少し 待って ください。 좀 더 기다려 주세요.

단어 名前 이름 | もう 少し 좀 더

1 보기 문장을 참고해서 바꾸어 말해보세요.   🎧 MP3 29-2

> メールを 書^かいて います。 메일을 쓰고 있습니다.

❶ 靴^{くつ} ― 脱^ぬぐ

❷ 歌^{うた} ― 歌^{うた}う

❸ 紙^{かみ} ― 拾^{ひろ}う

❹ 新聞^{しんぶん} ― 読^よむ

2 보기 문장을 참고해서 바꾸어 말해보세요.   🎧 MP3 29-3

> ピザを 食^たべて います。 피자를 먹고 있습니다.

❶ 窓^{まど} ― 閉^しめる

❷ ごみ ― 捨^すてる

❸ テレビ ― 見^みる

❹ 散歩^{さんぽ} ― する

단어   紙^{かみ} 종이 | 拾^{ひろ}う 줍다 | 窓^{まど} 창문, 창 | 閉^しめる 닫다 | ごみ 쓰레기 | 捨^すてる 버리다 |
散歩^{さんぽ} 산보, 산책

3 보기 문장을 참고해서 바꾸어 말해보세요. （MP3 29-4）

> かばんの 中^{なか}に 入^いれて ください。　가방 안에 넣어 주세요.

① テーブルの 上^{うえ} ― 置^おく

② 私^{わたし}の 前^{まえ} ― 立^たつ

③ 私^{わたし}の となり ― 座^{すわ}る

④ 家^{いえ}の 外^{そと} ― 出^でる

 자주 쓰이는 て형 표현

일상에서 자주 쓰이는 표현들 중에는 동사 て형 활용이 숨어 있어요. 한 번쯤은 들어 봤음직한 표현들이니 재미로 외워보세요!

· **あいしてる。** 사랑해 (원래 「あいして いる」인데 구어체로 い를 없애고 말합니다)

· **がんばって。** 힘내!, 화이팅!

· **たすけて。** 살려줘, 구해줘

· **ちょっと まって。** 잠깐만, 잠깐 기다려

단어 入^いれる 넣다 | テーブル 테이블 | 置^おく 두다 | 座^{すわ}る 앉다 | 外^{そと} 밖, 바깥 | 出^でる 나가다

1 다음 동사의 기본형을 て형의 형태로 바꾸어 써보세요.

❶ 読^よむ　＿＿＿＿＿＿＿＿＿＿

❷ 寝^ねる　＿＿＿＿＿＿＿＿＿＿

❸ 行^いく　＿＿＿＿＿＿＿＿＿＿

❹ 来^くる　＿＿＿＿＿＿＿＿＿＿

❺ ある　＿＿＿＿＿＿＿＿＿＿

❻ する　＿＿＿＿＿＿＿＿＿＿

❼ 買^かう　＿＿＿＿＿＿＿＿＿＿

❽ 書^かく　＿＿＿＿＿＿＿＿＿＿

2 다음 밑줄 친 부분의 우리말 의미에 해당하는 일본어를 써보세요.

❶ メール＿＿＿＿＿ 書^かいて います。

　　　　　　을

❷ ピザを ＿＿＿＿＿＿ います。

　　　　　　　먹고

❸ テーブルの 上^{うえ}に 置^おい＿＿＿＿＿＿＿＿。

　　　　　　　　　　　　　～해 주세요

3 다음 문장을 따라 써보세요.

❶ 道を 歩いて います。

_____。

❷ ここに 名前を 書いて ください。

_____。

❸ 歌を 歌って います。

_____。

❹ ごはんを 食べて います。

_____。

4 다음 문장을 일본어로 써보세요.

❶ 지금 공부를 하고 있습니다.

_____。

❷ 좀 더 기다려 주세요.

_____。

❸ 쓰레기를 버리고 있습니다.

_____。

🎧 MP3 30-1

<ruby>禁<rt>きん</rt></ruby><ruby>煙<rt>えん</rt></ruby><ruby>席<rt>せき</rt></ruby>, <ruby>喫<rt>きつ</rt></ruby><ruby>煙<rt>えん</rt></ruby><ruby>席<rt>せき</rt></ruby> 금연석, 흡연석

예전에 일본 여행을 가셨던 분은 식당 내에 흡연이 가능해서 놀라셨을 텐데요. 최근에는 금연 식당이 더 많아지긴 했지만, 주류가 메인인 이자카야나 야키토리 가게는 흡연이 가능한 경우가 많습니다. 흡연석이 따로 마련된 경우에는 직원이 喫煙(흡연)인지 禁煙(금연)인지 물어본 후에 자리를 안내하는 것이 보통입니다. 흡연석을 원할 경우 「喫煙席 お願いします。」, 금연석을 원할 경우 「禁煙席 お願いします。」라고 하면 됩니다.

メニュー 메뉴

영어나 한국어 메뉴판을 소지한 식당이 많아졌지만, 현지인 맛집에 가면 일본어 메뉴판만 있는 경우도 종종 있습니다. 그래도 요즘에는 메뉴판을 사진 찍으면 한국어로 직역해주는 애플리케이션도 있더라고요. 메뉴 이름 하나하나 전부 다 공부하기는 어려우니, 메뉴판에 공통으로 쓰이는 표현들 몇 개를 알려드릴게요. 「オススメ」는 '추천', 「定番」은 '대표 메뉴', 「一押し」 또는 「イチオシ」는 '가게에서 미는 메뉴(추천과 비슷)', 「日替わり」는 '날마다 바뀌는 메뉴'입니다.

お<ruby>冷<rt>ひや</rt></ruby> 찬물

보통 식당 자리를 안내받은 후 직원이 메뉴와 물을 가져오는데요. 따로 물을 달라고 요청할 때는 「お水 お願いします。」라고 하면 됩니다. 이때 お水 대신에 뜨거운 물은 「お湯」, 차가운 물은 「お冷」라고 말하면 좀 더 명확하게 요청하는 것이 됩니다.

オムライス 오므라이스

オムライス(오므라이스)는 달걀로 만든 オムレツ(오믈렛)과 ライス (라이스)의 합해진 단어입니다. 완숙 오믈렛으로 나와 밥 위를 덮고 있는 것이 100년 훌쩍 넘은 원조 스타일이라면, 오믈렛의 가운데 를 갈라서 먹는 부드러운 식감의 반숙 오므라이스는 비교적 최근 에 유행하게 된 스타일입니다.

店員 점원
<small>てん いん</small>

점원은 손님에게 존댓말을 쓰는 경우가 대부분이라서 우리와 같은 첫걸음 학습자 입장에서는 다소 알아듣기가 어려울 수 있어요. 일 본어를 좀 더 공부하다 보면 점원이 하는 말까지 아주 잘 들리는 능력자가 될 수 있을 거예요! 점원을 부를 때는 가볍게 손을 들어서 눈을 마주치거나 마법의 문장인 「すみません。」을 말하시면 됩니다. 일본에는 따로 팁을 주는 문화가 있지 않습니다.

お客様 손님(점원이 부르는 말)
<small>きゃく さま</small>

점원은 손님으로 온 우리를 「お客さま」라고 부릅니다. 가게에 들어 가자마자 직원이 「いらっしゃいませ。何名さまですか。」(어서오세요. 몇 명이신가요?)라고 묻습니다. 음식을 다 먹고 계산 후 가게를 나 갈 때는 「ありがとうございます。」(감사합니다), 「ごちそうさまでし た。」(잘 먹었습니다.) 등으로 인사하면 됩니다.

(🎧 MP3 30-2)

A 何名さまですか。
<ruby>何名<rt>なん めい</rt></ruby>

몇 명이신가요?

B 二人です。
<ruby>二人<rt>ふたり</rt></ruby>

2명입니다.

가게에 들어오자마자 자리 안내를 돕는 직원이 몇 명이시냐고 물어봐요. 그럴 때는 손가락으로 숫자를 표시하셔도 되고, 한 명(一人), 두 명(二人), 세 명(三人) 등으로 답하셔도 됩니다. 점원이 인원 수를 확인하고 나면 「숫자＋名さま」라고 말하며 재확인을 해요. 이때는 ひとり, ふたり와 같은 표현을 쓰지 않고 반드시 「숫자＋名さま」라고 합니다. 한 명은 「お一人さま」라고 하기도 합니다.

A メニューは お決まりですか。
<ruby>決<rt>き</rt></ruby>

메뉴 정하셨나요?

B ○○と ○○ お願いします。
<ruby>願<rt>ねが</rt></ruby>

○○랑 ○○ 주세요(부탁합니다).

손님이 먼저 손 들고 점원을 불러서 메뉴 주문을 하기도 하지만, 점원이 먼저 와서 메뉴를 정했냐고 묻는 경우도 있어요. 그럴 때 쓰이는 표현입니다. 손님에게 더욱 친절한 서비스로 응대하기 위해 점원이 무릎 꿇고 주문을 받는 식당도 제법 있어요. 메뉴를 주문할 때 「메뉴 이름＋ください。」라고 할 수는 있지만, 「메뉴 이름＋お願いします。」라고 하는 것이 좀 더 정중하고 예의 있는 표현이 됩니다.

단어　メニュー 메뉴

A お勘定　お願いします。
かんじょう　ねが

계산해 주세요.

B はい、少々　お待ちください。
しょうしょう　ま

네, 잠시만 기다려 주세요.

'계산'은 한자어니까 일본어로도 「計算」이라고 하면 될까 싶지만 이 단어는 진짜로 숫자를 계
けいさん
산할 때만 씁니다. 식당에서 음식 값을 낼 때는 「勘定」라는 단어를 씁니다. 조금 어렵지요?
かんじょう
물론 굳이 말하지 않고 주문표를 계산대(レジ)로 가져가면 바로 음식 값을 지불할 수 있습니
다. 자리에 앉아서 음식 값이 얼마인지 확인하고 돈 정리할 시간을 벌고 싶을 때 이 표현을
쓰면 딱 맞습니다! 참고로 양손 검지로 ✕ 자를 만들어 점원에게 보이면 계산하겠다는 제스처
랍니다.

연습문제 정답

Day 01

연습문제 1

자동차 — くるま

이름 — なまえ

너 — あなた

회사원 — かいしゃいん

저것 — あれ

사람 — ひと

연습문제 2

① あなた

② これ

③ あの, だれ

연습문제 3

う　か　す　せ　て　と　に　の

は　み　め　も　よ　ら　れ

Day 02

연습문제 1

① は, です

② の

③ のです

④ が

연습문제 2

① わたし, です

② それ, の

③ あの, の

연습문제 3

① (2)

② (3)

연습문제 4

① は, です

② これ, かさ

③ を

연습문제 5

〜입니다 — 〜です

친구 — ともだち

〜의 — 〜の

일본어 — にほんご

텔레비전/TV — テレビ

〜을/를 — 〜を

고양이 — ねこ

〜은/는 — 〜は

연습문제 7

① わたしは がくせいです

② これは わたしの 名前（なまえ）です

③ この めがねは だれのですか

Day 03

연습문제 1

① はい

② ありません

③ いいえ

④ ないです

연습문제 2

① は, じゃ ありません

② あの

③ はい

연습문제 3

~가 아닙니다 ― ~じゃ ありません

예 ― はい

딸기 ― いちご

연필 ― えんぴつ

사과 ― りんご

히라가나 ― ひらがな

아이돌 ― アイドル

아니요 ― いいえ

연습문제 5

① あなたは せんせいですか

② はい、そうです

③ いいえ、りんごじゃ ありません

연습문제 1

① は, です

② の

③ この, だれ

연습문제 2

① しゃいんじゃ ありません

② わたしのじゃ ありません

③ えんぴつじゃ ありません

연습문제 3

① わたし, です

② それ, の

③ あの, の

JLPT 대비 연습문제 1

① (3)

② (2)

JLPT 대비 연습문제 2

① (1)

② (2)

JLPT 대비 연습문제 3

① (2)

② (1)

연습문제 1

① (2)

② (2)

연습문제 2

① なんじ

② さんぷん

③ ご, いち, なな

연습문제 3

1 ― いち

2 ― に

3 ― さん

4 ― よん

5 ― ご

6 ― ろく

7 ― なな

8 ― はち

9 ― きゅう

10 ― じゅう

0 ― ゼロ

연습문제 5

① いま なんじ なんぷんですか

② はちじ ごふんです

③ ゼロいちゼロの にさんよんごの
ろくななはちきゅうです

연습문제 1

① かようび

② よっか

③ なんようび

④ むいか

연습문제 2

① 明日(あした)

② 今日(きょう), 金曜日(きんようび)

③ 5月(ごがつ), 5日(いつか)

연습문제 3

그저께 — おととい

어제 — きのう

내일 — あした

월요일 — げつようび

수요일 — すいようび

3일 — みっか

7일 — なのか

9일 — ここのか

연습문제 5

① 明日(あした)は 何曜日(なんようび)ですか。

② 今日(きょう)は 2月(にがつ) 8日(ようか)です。

③ 明日(あした)は 2月(にがつ) 9日(ここのか), 土曜日(どようび)です。

연습문제 1

회의 — かいぎ

레스토랑 — レストラン

백화점 — デパート

~부터 — ~から

~까지 — ~まで

아침 — あさ

올해 — 今年

다음 주 — 来週

연습문제 2

① から

② まで

연습문제 1

① (3)

② (3)

연습문제 2

① でした

② 昨日(きのう)

③ じゃ ありませんでした

연습문제 1
① なんじ
② から, まで
③ でした
④ じゃ なかった

연습문제 2
① 土曜日でした
② でんしゃでした
③ 火曜日じゃ なかったです

연습문제 3
① 今(いま), 何時(なんじ)
② 10時から, まで
③ 昨日(きのう), じゃ なかったです

JLPT 대비 연습문제 1
① (2)
② (4)

JLPT 대비 연습문제 2
① (2)
② (3)

JLPT 대비 연습문제 3
① (2)
② (2)

연습문제 1
① あかい
② わるい
③ たのしい
④ あおい

연습문제 2
① きいろいです
② かっこいい
③ たのしい

연습문제 3
즐겁다 ― たのしい
빨갛다 ― あかい
멋있다 ― かっこいい
여행 ― 旅行
어렵다 ― むずかしい
재미있다 ― おもしろい
영화 ― 映画
파랗다 ― あおい

연습문제 5
① 空(そら)が あおいです
② おもしろい 日本語(にほんご)
③ その かばんは あかいです

연습문제 1

① いそがしく

② おもく

③ コート

④ つめたく

연습문제 2

① おいしく ないです

② むずかしく

③ あかく ないです

연습문제 3

짐 — 荷物

바쁘다 — いそがしい

어렵다 — むずかしい

~하지 않다 — ~く ない

맛있다 — おいしい

차갑다 — つめたい

길다 — ながい

지금 — 今

연습문제 5

① 日本語(にほんご)は むずかしく ない

② あれは おいしく ない

③ この 水(みず)は つめたく ないです

（つめたく ありません)

연습문제 1

① (1)

② (3)

연습문제 2

① 高(たか)く

② 甘(あま)かったです

③ ほんとうに

연습문제 3

물 — 水

오늘 — 今日

높다 — 高

정말로 — ほんとうに

맛있다 — おいしい

달다 — 甘い

방 — へや

덥다 — あつい

연습문제 5

① 昨日(きのう)は いそがしく なかった
です

② すうがくが ほんとうに やさしかった
です

③ その いちごは 甘(あま)かった

연습문제 1

① つよくて

② さむく ない

③ やさしかった

연습문제 2

① おもかったです

② つめたかったです

③ やすかったです

연습문제 3

① 今日(きょう), とても

② ほど, あつく

③ ぜんぜん, なかったです

JLPT 대비 연습문제 1

① (2)

② (3)

226

JLPT 대비 연습문제 2
① (4)
② (1)

JLPT 대비 연습문제 3
① (2)
② (2)

연습문제 1
명사(はなだ, せんせいだ, ほんだ),
な형용사(すてきだ, きらいだ, あんぜんだ,
べんりだ, しんせつだ)

연습문제 2
① すきな
② しんせつ
③ あんぜん
④ べんり

연습문제 1
① ゆうめい
② です
③ きらい
④ すき

연습문제 2
① (3)
② (1)

연습문제 4
① うたが すきです
② あの 人は ゆうめいです
③ 私(わたし)は ねこが いちばん すき
　です

연습문제 1
① なかった
② だった
③ きれい
④ あまり

연습문제 2
① おいしく ありません(ないです)
② むずかしく
③ あかく ありません(ないです)

연습문제 4
① ここの 交通(こうつう)は ふべんだっ
　た
② そこは あんぜんじゃなかった
③ もんだいは かんたんじゃ なかった
　です

연습문제 1
① すきな
② すきです
③ すきじゃ ない
④ すきでした

연습문제 2

① きれいでした
② しんせつでした
③ ゆうめいでした

연습문제 3

① いちばん, すきな
② が, じょうずです
③ あまり, ありません(ないです)

JLPT 대비 연습문제 1

① (4)
② (2)

JLPT 대비 연습문제 2

① (2)
② (4)

JLPT 대비 연습문제 3

① (1)
② (3)

연습문제 1

① みっつ
② ふたつ
③ よっつ
④ ななつ

연습문제 2

① 2人(ふたり)
② 5人(ごにん)
③ 1人(ひとり)
④ 8人(はちにん)

연습문제 1

단어	뜻	그룹	어간 + 어미
いく	가다	1	i + ku
みる	보다	2	mi + ru
すわる	앉다	1	suwa + ru
きる	입다	2	ki + ru
する	하다	3	su + ru
のむ	마시다	1	no + mu
きく	듣다	1	ki + ku
およぐ	헤엄치다	1	oyo + gu
運動する	운동하다	3	unndousu + ru
かく	쓰다	1	ka + ku
たつ	서다	1	ta + tsu
あがる	올라가다	1	aga + ru

단어	뜻	그룹	어간 + 어미
ねる	자다	2	ne + ru
あう	만나다	1	a + u
はなす	말하다, 이야기하다	1	hana + su
つくる	만들다	1	tsuku + ru
くる	오다	3	ku + ru
よぶ	부르다	1	yo + bu
おわる	끝나다	1	owa + ru
あそぶ	놀다	1	aso + bu
まつ	기다리다	1	ma + tsu
よむ	읽다	1	yo + mu
だす	내다, 내놓다	1	da + su
えらぶ	고르다	1	era + bu

연습문제 1

① みます

② たべます

③ します

④ かきます

연습문제 2

① いつも, 作(つく)ります

② 朝(あさ)ごはん, 食(た)べます

③ 日本語(にほんご), します

연습문제 3

모읍니다 — ためます

요리 — 料理

영화 — 映画

놉니다 — あそびます

축구 — サッカー

잡습니다 — とります

매일 — 毎日

씁니다 — かきます

연습문제 5

① 映画(えいが)を 見(み)ます

② 料理(りょうり)を 作(つく)ります

③ 毎日(まいにち) 朝(あさ)ごはんを
食(た)べます

연습문제 1

① あわない

② みません

③ ふらない

④ かいません

연습문제 2

① ききません

② 私(わたし)は, かぶりません

③ 見(み)ない

연습문제 3

모자 — ぼうし

읽지 않는다 — 読まない

잡지 않는다 — 取らない

사지 않는다 — 買わない

오지 않는다 — 来ない

치마, 스커트 — スカート

하지 않는다 — しない

떨어지지 않는다 — 落ちない

연습문제 5

① 音楽(おんがく)を ききません

② ドラマを 見(み)ません

③ 朝(あさ)ごはんは ほとんど 食(た)べ
ません

Day 24

연습문제 1
① あります
② ひとつ
③ いますか

연습문제 2
① あります
② います
③ みます

연습문제 3
① 上(うえ), あります
② 二つ(ふたつ)
③ 書(か)きます

JLPT 대비 연습문제 1
① (3)
② (1)

JLPT 대비 연습문제 2
① (2)
② (4)

JLPT 대비 연습문제 3
① (3)
② (3)

Day 25

연습문제 1
① うたいました
② ました
③ でした
④ よみました

연습문제 2
① 買(か)いました
② 行(い)きました
③ 乗(の)りませんでした

연습문제 3
① (1)
② (2)

연습문제 4
① 買(か)いました
② 死(し)にました
③ しませんでした

Day 26

연습문제 1
① した
② あそんだ
③ かった
④ かいたり, したり

연습문제 2
① 飲(の)んだ
② 書(か)いた
③ 食(た)べた

연습문제 4
① 朝(あさ)ごはんを 食(た)べた
② 服(ふく)を 買(か)った
③ カラオケで 遊(あそ)んだ

Day 27

연습문제 2
① 中国(ちゅうごく)へ 行(い)きたいです
② ケーキを 作(つく)りたいです
③ 道(みち)を 歩(ある)きながら
　 話(はなし)を します
④ 本(ほん)を 読(よ)みながら
　 コーヒーを 飲(の)みます

Day 28

연습문제 1
① よみます
② たべません
③ します
④ はたらきました

연습문제 2
① のみました
② きました
③ かりました

연습문제 3
① 飲(の)みます
② いつも
③ バイト

JLPT 대비 연습문제 1
① (1)
② (4)

JLPT 대비 연습문제 2
① (1)
② (1)

JLPT 대비 연습문제 3
① (1)
② (3)

Day 29

연습문제 1
① 読(よ)んで
② 寝(ね)て
③ 行(い)って
④ 来(き)て
⑤ あって
⑥ して
⑦ 買(か)って
⑧ 書(か)いて

연습문제 2
① を
② 食(た)べて
③ て ください

연습문제 4
① 今(いま) 勉強(べんきょう)を して
　 います
② もう 少(すこ)し 待(ま)って ください
③ ごみを 捨(す)てて います

MEMO

동양북스 채널에서 더 많은 도서
더 많은 이야기를 만나보세요!

▶ 유튜브

인스타그램

블로그

포스트

페이스북

카카오뷰

외국어 출판 45년의 신뢰
외국어 전문 출판 그룹
동양북스가 만드는 책은 다릅니다.

45년의 쉼 없는 노력과 도전으로 책 만들기에 최선을 다해온
동양북스는 오늘도 미래의 가치에 투자하고 있습니다.
대한민국의 내일을 생각하는 도전 정신과 믿음으로 최선을 다하겠습니다.

📖 동양북스